Michael Schmidt-Salomon
Keine Macht den Doofen!

PIPER

Zu diesem Buch

Die Dummheit ist die große Konstante der menschlichen Geschichte. Revolutionen konnten ihr bislang ebenso wenig anhaben wie Naturkatastrophen, Weltkriege oder Finanzkrisen. In
seiner Generalabrechnung mit dem Irrsinn, der in Politik, Wirtschaft, Religion und Gesellschaft vorherrscht, ruft Michael
Schmidt-Salomon zum Widerstand gegen die »Toren der
Macht« auf. Denn der Zug der Menschheit hat durch Technik
und Globalisierung so viel Fahrt aufgenommen, »dass es unverantwortlich wäre, die Steuerknüppel ausgemachten Hohlköpfen
zu überlassen.«
»Ein Buch, das man nicht aus der Hand legen kann. Man möchte
heulen, doch dann wird man dauernd zum Lachen gebracht. Ein
großartiges Stück Aufklärung!« (Esther Vilar)

Michael Schmidt-Salomon, Dr. phil., geboren 1967, ist freischaf-
fender Philosoph und Schriftsteller sowie Vorstandssprecher der
Giordano-Bruno-Stiftung. Er ist häufiger Interviewpartner in
Presse, Funk und Fernsehen. Im Pendo-Programm des Piper
Verlags erschien von ihm bisher »Jenseits von Gut und Böse« und
zuletzt »Leibniz war kein Butterkeks« (mit Lea Salomon). Weitere Informationen zum Autor unter: www.schmidt-salomon.de

Michael Schmidt-Salomon

KEINE MACHT DEN DOOFEN!

Eine Streitschrift

Piper München Zürich

Mehr über unsere Autoren und Bücher:
www.piper.de

Von Michael Schmidt-Salomon liegen im Piper Verlag vor:
Jenseits von Gut und Böse
Leibniz war kein Butterkeks (mit Lea Salomon)
Keine Macht den Doofen!

MIX
Papier aus verantwor-
tungsvollen Quellen
FSC® C083411

Originalausgabe
1. Auflage Februar 2012
4. Auflage Juni 2012
© 2012 Piper Verlag GmbH, München
Umschlaggestaltung: Bauer + Möhring, Berlin
Satz: Kösel, Krugzell
Gesetzt aus der MinionPro
Papier: Munken Print von Arctic Paper Munkedals AB, Schweden
Druck und Bindung: CPI – Clausen & Bosse, Leck
Printed in Germany   ISBN 978-3-492-27494-4

Inhaltsverzeichnis

Vorwort
Wenn Dummheit epidemisch wird   7

Homo demens
Warum ich mich schäme, Mensch zu sein   12

Die wundersame Welt der Religioten
Heilige Einfalt und ihre Folgen   24

Schwarmdummheit
Wie Ökonomioten die Welt zugrunde richten   45

Die Torheit der Regierenden
Politioten an der Macht   69

Willkommen in der Matrix
Auch Dummheit will gelernt sein   90

Keine Macht den Doofen!
Ein Aufruf zum Widerstand   103

Anmerkungen   113

VORWORT
Wenn Dummheit epidemisch wird

Die größte Bedrohung der Menschheit geht nicht von Erdbeben und Tsunamis aus, auch nicht von skrupellosen Politikern, raffgierigen Managern oder finsteren Verschwörern, sondern von einer einzigartigen, weltumspannenden, alle Dimensionen sprengenden RIESENBLÖDHEIT! *Wer's nicht glaubt, ist schon infiziert.*

Die Dummheit – sie ist die große Konstante der menschlichen Geschichte, die einzige Weltmacht, die seit Jahrtausenden Bestand hat: Könige, Päpste und Präsidenten kamen und gingen, Gesellschaften entstanden und zerfielen, Wahlprogramme wurden geschrieben und vergessen – die Dummheit blieb. Revolutionen konnten ihr ebenso wenig anhaben wie Naturkatastrophen, Weltkriege oder Finanzkrisen. Zwar gab es immer wieder hoffnungsvolle Ansätze, das Zusammenleben der Menschen vernünftiger zu gestalten, doch solche Experimente waren selten von Dauer. Die mächtige Internationale der Doofen, der Engstirnigen, der ewig Gestrigen, der hoffnungslos Zurückgebliebenen kehrte schon bald wieder zurück ans Dirigierpult der Geschichte und gab den debilen Takt vor, nach dem die Verhältnisse zu tanzen haben.

John Adams, der zweite Präsident der Vereinigten Staaten von Amerika, beklagte bereits im 18. Jahrhundert: »Während alle anderen Wissenschaften vorangeschritten sind, tritt die Regierungskunst auf der Stelle; sie wird heute kaum besser geübt als vor drei- oder viertausend Jahren.«[1] Daran hat sich wenig geändert. Noch immer fallen die Leistungen in der Politik weit hinter dem zurück, was Menschen auf anderen Gebieten erreicht haben. Doch warum ist das so? Könnte es sein, dass die Politik hinter den Wissenschaften und Künsten *geistig zurückbleibt*, weil sie den *geistig Zurückgebliebenen* besondere Entfaltungsmöglichkeiten bietet? Es dürfte nicht schwerfallen, Politiker zu finden, an deren Beispiel man eine solche These erhärten könnte. Dennoch zielt sie an der Realität vorbei: Denn die »Macht der Doofen« beruht nicht auf *individuellen Minderbegabungen* (die in der Politik – so fair sollte man sein – nicht häufiger auftreten als im Bevölkerungsdurchschnitt), sondern auf *kollektiven Denkschwächen*: Politisch wirksam ist Dummheit nur, wenn sie epidemische Ausmaße annimmt, *wenn der Irrsinn so allgegenwärtig ist, dass er als solcher nicht mehr zu erkennen ist.*

Das ist, Mensch sei's geklagt, der Normalfall. Friedrich Nietzsche brachte es auf den Punkt: »Der Irrsinn ist bei Einzelnen etwas Seltenes – aber bei Gruppen, Parteien, Völkern, Zeiten die Regel.«[2] Das Vertrackte an diesem »ganz normalen Wahnsinn« ist, dass man ihn in der Regel nur erkennt, wenn man aus einer zeitlichen oder räumlichen Distanz heraus urteilt. Denn wir alle sind *Gefangene der kulturellen Matrix, in die wir hineinsozialisiert wurden.* Und so erscheint uns unsere eigene, gegenwärtige Kultur im Allgemeinen recht vernünftig. Doch ist sie es wirklich? Sind wir wirklich so viel klüger als die Menschen der Vergangenheit, oder trägt unsere Dummheit bloß andere Gewänder? Werden künftige Generationen uns »gebildete Zivilisationsmenschen« vielleicht mit dem gleichen mitleidig-verstörten Blick mustern, mit dem wir Heutigen auf jene zurückschauen, die einst überzeugt davon waren, dass sie die zornigen Wettergötter mithilfe von Menschenopfern gnädig stimmen müssten? Sind wir womöglich genauso verbohrt, genauso vorurteilsbeladen, genauso engstirnig wie sie? Wen opfern wir? Und aus welchen Gründen?

Leider gibt es keine rote Pille, die man schlucken könnte, um aus der wahnhaften Matrix auszusteigen.[3] Es bedarf schon einiger Denkanstrengungen, um auch nur einen kleinen Teil der zeitbedingten Mythen zu überwinden, die wir allesamt mit uns herumtragen. Dies allein dürfte bedauerlicherweise ausreichen, um einen Großteil der Menschen zeitlebens in der vorgefundenen Matrix festzuhalten. Denn wer setzt sich schon gerne Denkanstrengungen aus – außer vielleicht beim Lösen von Kreuzworträtseln?

Arthur Schopenhauer meinte, die tiefe Abneigung gegen geistige Anstrengung sei ein typischer Wesenszug unserer Spezies: »Die große Mehrzahl der Menschen ist so beschaffen, dass ihrer ganzen Natur nach es ihnen mit nichts Ernst sein kann als mit Essen, Trinken und sich Begatten.«[4] Aus evolutionsbiologischer Perspektive ist das verständlich: Warum auch sollte der Mensch sein ressourcenintensives Denkorgan über Gebühr strapazieren, wenn sich solcher Ressourcenverbrauch augenscheinlich gar nicht lohnt? Schließlich zogen diejenigen, die es wagten, der kulturellen Matrix zu entfliehen, nur selten Vorteile aus dem übermäßigen Gebrauch der Vernunft. Erschreckend viele Vordenker der Menschheit wurden zu Lebzeiten nicht geachtet, sondern geächtet, wurden verlacht, verfolgt, verhaftet, verbannt oder gar bei lebendigem Leibe verbrannt.

Zwar hat sich seit dem mörderischen Treiben der Inquisition vieles geändert – der eherne Zusammenhang von Macht und Dummheit ist aber erhalten geblieben. Noch immer gilt: *Die herrschende Dummheit ist stets auch die Dummheit der Herrschenden.*[5] Deshalb gerät derjenige, der sich gegen die öffentliche Vernunft (sprich: den gerade geltenden Konsensus der Dummheit) auflehnt, unweigerlich in Konflikt mit den Hütern des Status quo. Wer aber will es sich schon verscherzen mit den hochdekorierten Repräsentanten des Staates, der Gesellschaft, der Religion? Zeigt die Erfahrung nicht, dass derjenige, der die Dummheiten entlarvt, am Ende selbst der Dumme ist? Muss man es nicht fast schon als ein Zeichen von »Klugheit« begreifen, dass sich die meisten Menschen lieber anpassen und alle fünf gerade sein lassen, auch wenn dabei die Logik Schaden nimmt?

Nicht ohne Grund heißt es: »(Nur) Kinder und Narren sagen die Wahrheit.« Auch in Hans Christian Andersens klugem Märchen »Des Kaisers neue Kleider« ist es nicht zufällig ein Kind, das sich traut, die Wahrheit auszusprechen, vor der sich alle anderen zunächst drücken. *Dass der Kaiser nackt ist, dass die Repräsentanten der Macht einem einzigartigen, grotesken Schwindel aufsitzen, ist eine Einsicht, die viel zu groß, viel zu erschreckend ist, als dass vernünftige Erwachsene zu ihr gelangen könnten.* Freies Denken ist, wie es scheint, nur möglich, wenn man die Zwangsjacke der Konvention entweder noch nicht angelegt hat – wie das Kind in Andersens Geschichte – oder wenn man sie abgelegt hat und in den Augen der Welt zum Narren geworden ist.

Als Narr, der sich der Zwangsjacke entledigt, genießt man sprichwörtliche Freiheit – allerdings um den Preis, nicht mehr ernst genommen zu werden. Sei's drum: *Manchen Menschen steht die Narrenkappe besser als der Professorenhut.* Und so werde ich mir hier die Narrenfreiheit erlauben, kein Blatt vor den Mund zu nehmen, auch wenn ich dadurch alle Chancen verspiele, in die Liga der ernst zu nehmenden Gentlemen aufgenommen zu werden. Dass mir dies schnuppe ist, hängt mit einem gewissen kindlichen Trotz zusammen, der sich selbst im fortgeschrittenen Alter nicht ausgewachsen hat: Ich kann es einfach nicht ertragen, wenn die Leute behaupten, der Kaiser sei gekleidet, obwohl er offensichtlich nackt ist. Ich habe es satt, von Politikern, Religionsführern, Wirtschaftsweisen, Medienleuten – ja, selbst von Philosophen – Jahr für Jahr, Monat für Monat, Woche für Woche, Tag für Tag die ewig gleichen inhaltsleeren, nichtssagenden Phrasen zu hören. Und mir dreht sich der Magen um, wenn ich mit ansehen muss, wie diese angeblich so intelligente Spezies jeder noch so kruden Wahnidee nachläuft.

Dabei halte ich mich keineswegs für besonders intelligent, ich glaube auch nicht, auf alle Fragen, die in dieser Streitschrift angesprochen werden, die richtigen Antworten zu wissen. Doch ich bin Narr genug, so lange an meinen Positionen festzuhalten, bis mir bessere Argumente vorgelegt werden. Bis zum Beweis des Gegenteils gehe ich deshalb davon aus, dass unsere sogenannte Hochkultur nicht nur die technologischen Potenziale der Menschheit in ungeahnte Höhen schraubt, sondern auch die menschliche Dummheit. Und genau das macht die gegenwärtige Weltlage so ungemein gefährlich: *Wenn Spitzentechnologie und Spitzenidiotie aufeinandertreffen, sind die Folgen in der Regel katastrophal!*

Man braucht kein Genie zu sein, um zu erkennen, dass wir uns die »Macht der Doofen« auf Dauer nicht leisten können. Im Grunde genügt es, die Welt mit den unvoreingenommenen Augen eines Kindes zu betrachten. In Andersens Märchen brachte ein einzelnes Kind, das in die »dummen Spiele der Erwachsenen« nicht eingeweiht war, den gesamten Hofstaat des Irrsinns zu Fall. Ich wünschte, seinem Beispiel würden mehr und mehr Menschen folgen. Immerhin hat uns die Evolution mit einem erstaunlich komplexen und wandlungsfähigen Denkapparat ausgestattet. Wir sollten beginnen, ihn auf intelligentere Weise zu nutzen …

HOMO DEMENS
Warum ich mich schäme, Mensch zu sein

Ach, was haben wir uns schmückende Beinamen gegeben, um die Besonderheit unserer Spezies herauszustellen: *Homo absconditus*, der unergründliche Mensch, *Homo aestheticus*, der am Schönen orientierte Mensch, *Homo creator*, der schöpferische Mensch, *Homo innovator*, der erfinderische Mensch, *Homo ludens*, der spielerische Mensch – und nicht zuletzt, als Krönung der Selbstbeweihräucherung, die offizielle Bezeichnung unserer noblen Spezies: *Homo sapiens*, der weise Mensch. Wäre es nicht so traurig, könnte man es für den tollsten Witz der Geschichte halten: *Der weise Mensch – das ist etwa so originell wie der vegetarische Löwe, der steppende Regenwurm oder die bürokratische Spitzmaus.*

Sicher: Eine gewisse Bauernschläue kann man unserer Spezies nicht absprechen – aber Weisheit? Nein. Weisheit war und ist Mangelware unter uns eitlen Affen. Unsere so hoch gerühmte Intelligenz – wir nutzten sie nicht vorrangig, um aus dieser Welt einen besseren, einen lebenswerteren Ort zu machen, sondern um uns gegenseitig auszutricksen, auszuplündern, auszubeuten, abzuschlachten. Und wozu das Ganze? Für nichts und wieder nichts. Denn die Sieger dieses elenden Spiels um Macht und Ressourcen kamen keineswegs in den Genuss eines sorgenfreien Lebens. Sie mussten die Früchte ihres Triumphs vielmehr ängstlich umklammern, in ständiger Furcht davor leben, bald selber ausgetrickst, ausgeplündert, ausgebeutet, abgeschlachtet zu werden. *Dümmer geht's nimmer – und doch wird dieses Spiel fortgesetzt von Generation zu Generation.*

Seien wir doch ehrlich: Die *Geschichte der Menschheit* ist

über weite Strecken eine *Geschichte der Unmenschlichkeit!* Über Jahrtausende hatten wir nichts Besseres zu tun, als uns gegenseitig niederzumetzeln. Wer zählt die Millionen und Abermillionen, die gefoltert, gehängt, gesteinigt, erstochen, erwürgt, erschlagen, erschossen, verbrannt, vergiftet, vergast wurden? Ein einzigartiger Blutstrom zieht sich durch die Jahrhunderte, er ist der rote Faden in jener *sinnlosen Aneinanderreihung von Mord und Totschlag, Ausbeutung und Gewalt, die sich Geschichte nennt.*

Eine weit treffendere Artbezeichnung als *Homo sapiens* wäre daher *Homo demens*[6], der irre, der wahnsinnige Mensch. Denn genau das zeichnet uns vor allen anderen Tieren besonders aus: *Nur wir sind irrsinnig genug, unser Leben für pure Fiktionen wie »Gott« und »Vaterland«, »Ehre« und »Ruhm« aufzuopfern.* Keine Ideologie ist absurd genug, als dass wir für sie nicht bis zum bitteren Ende kämpfen würden. Es reicht, einen Blick in die Geschichte der Religionen zu werfen, um sich ein Bild von der kolossalen Wahnanfälligkeit des Menschen zu machen: Kein noch so neurotischer Schimpanse würde jemals in den Krieg ziehen, um zu beweisen, dass er den *cooleren imaginären Freund* (»Gott«) an seiner Seite hat. Wir Menschen haben das jedoch immer wieder getan – und ein Ende dieser stumpfsinnigen Groteske ist nicht in Sicht: Denn noch immer bilden wir aufrecht gehenden Deppen uns ein, dass das Universum von einem »Schöpfergott« exklusiv für uns und die Unsrigen erschaffen wurde.

Die menschliche Hybris, im Mittelpunkt des Kosmos zu stehen, ist wohl die dümmste und politisch verheerendste Wahnidee, die *Homo demens* je hervorgebracht hat, sie ist gewissermaßen *die Mutter allen Schwachsinns.* Von ihr stammen nicht nur unzählige religiöse Idiotismen ab, sondern auch der weltliche Herrschaftsanspruch über den Globus, den *Homo demens* seit jeher gnadenlos vollstreckt. Es lohnt sich also, dieser ganz besonderen Basisblödheit auf den Grund zu gehen.

Die kosmische Eintagsfliege

Machen wir uns dazu zunächst die banalen kosmologischen Fakten bewusst[7]: Die Erde mag uns zweibeinigen Winzlingen riesig erscheinen, im kosmischen Maßstab ist sie aber so unscheinbar klein, dass es geradezu vermessen ist, sie als »Staubkorn im Weltall« zu bezeichnen. Schon gegenüber unserer Sonne wirkt die Erde wie ein Melonenkern gegenüber einer Wassermelone. Dabei ist die Sonne selbst nur ein gelber Zwerg, der gegenüber dem roten Riesen Arcturus Melonenkerngröße annimmt und gegenüber dem roten Überriesen Beteigeuze optisch ganz verschwindet.[8]

Seit Kopernikus dürfte es sich einigermaßen herumgesprochen haben, dass die Erde sich keineswegs im Mittelpunkt des Universums befindet (den es in einem unendlichen Kosmos auch gar nicht geben kann). Wir befinden uns nicht einmal im Zentrum unserer eigenen Galaxie, sondern in einem der äußeren Spiralarme, sozusagen in der tiefsten galaktischen Provinz, rund 26 000 Lichtjahre vom Zentrum der Milchstraße entfernt. Neben unserer Sonne tummeln sich in unserer Galaxie 300 Milliarden weiterer Sterne, wobei die Milchstraße nur *eine* Galaxie unter schätzungsweise 100 Milliarden Galaxien mit etwa 70 Trilliarden Sternen ist.

Die von *Homo demens* konsequent verdrängte kosmische Bedeutungslosigkeit des Menschen zeigt sich allerdings nicht nur in der *räumlichen*, sondern auch in der *zeitlichen* Dimension: So waren zwei Drittel der bisherigen »Lebenszeit« des Universums (insgesamt 13,7 Milliarden Jahre) bereits vergangen, als vor 4,6 Milliarden Jahren Sonne und Erde in den unermesslichen Weiten des Weltalls auftauchten. Von der vermeintlichen Krönung der Schöpfung war da beim besten Willen noch nichts zu erahnen. Es dauerte mehr als vier Milliarden Jahre, also 90 Prozent der gesamten bisherigen Erdgeschichte, bis überhaupt die ersten Wirbeltiere entstanden. Vor 416 Millionen Jahren siedelten sich die ersten von ihnen an Land an, vor etwa 250 Millionen Jahren traten die ersten Säugetiere auf. Allerdings hätte man unseren aus Reptilien hervorgegangenen

Vorfahren, die gerade einmal die Größe von Mäusen oder Ratten erreichten, kaum eine verheißungsvolle Zukunft prognostiziert. Allzu sehr standen sie im Schatten der Dinosaurier und Flugsaurier, die das Mesozoikum (Erdmittelalter) dominierten.

Dies änderte sich erst mit den verhängnisvollen Meteoriteneinschlägen vor 65 Millionen Jahren, die zur Folge hatten, dass etwa die Hälfte aller damaligen Pflanzen- und Tierarten (darunter sämtliche Saurier und Flugsaurier) ausstarb. Erst nach dieser verheerenden Katastrophe konnten sich die Säugetiere entfalten, unter anderem auch die Ordnung der Primaten, der wir angehören. Bis zur Entstehung des modernen Menschen dauerte es von da an aber noch immer Jahrmillionen. Vor etwa 15 Millionen Jahren trennten sich die Vorfahren der heutigen Gibbons von unserer Stammlinie. Vor elf Millionen Jahren schlugen die Orang-Utans einen eigenen Weg ein, vor sechs Millionen Jahren die Gorillas. Knapp eine Million Jahre später trennten sich die Stammbäume der heutigen Schimpansen und Bonobos vom Stammbaum des Menschen, weshalb wir, was *Homo demens* gerne verdrängt, mit den Schimpansen enger verwandt sind als diese mit den Gorillas.

Zum Zeitpunkt der Trennung der Stammeslinien von Mensch und Schimpansen hätten wir unserem Vorfahren kaum zugetraut, dass er jemals Nachkommen hervorbringen würde, die Kreuzworträtsel lösen oder ins All fliegen würden. Denn das Gehirn der *Australopithecinen* war nur unwesentlich größer als das eines heutigen Schimpansen. Erst bei *Homo erectus,* unserem direkten Vorfahren, setzte eine bemerkenswerte Entwicklung des Denkorgans ein. Innerhalb von weniger als zwei Millionen Jahren verdoppelte sich sein Gehirnvolumen. (Wenn Sie heute die Bedienungsanweisung Ihres Fernsehers verstehen, haben Sie das nicht zuletzt dem guten alten *Homo erectus* zu verdanken.) Erst vor knapp 200 000 Jahren entwickelte sich aus *Homo erectus* der moderne Mensch, der, was oft vergessen wird, 95 Prozent seiner bisherigen Existenz als Jäger und Sammler verbrachte. Es mag verwundern, aber tatsächlich *kam der moderne Mensch 99 Prozent seiner Artgeschichte ohne christliche Kirche aus, 99,9 Prozent ohne Dampfmaschine, 99,99 Prozent ohne Handy.*

Wenn man die Geschichte unseres Universums auf ein Kalenderjahr umlegt, wird die kosmische Irrelevanz der Menschheit besonders offensichtlich: Setzt man für den 1. Januar 00.00 Uhr den Urknall an, muss man schon bis Anfang September warten, bis Sonne und Erde entstehen. Ende September entwickeln sich die ersten primitiven Lebensformen. Es dauert bis Mitte Dezember, bis die ersten Fische in den Ozeanen schwimmen. Um den 20. Dezember herum tauchen Landwirbeltiere auf. Die Dinosaurier beherrschen die Szenerie vom 28. bis zum 30. Dezember. Erst am 31. Dezember, wenige Minuten vor Mitternacht, tritt der erste Vertreter von *Homo sapiens* in Erscheinung. Die menschliche Kulturgeschichte schrumpft im Maßstab des kosmischen Kalenders auf die letzten Sekunden vor Neujahr zusammen.

Zählen wir also den Countdown herunter, damit das Neujahrsfeuerwerk beginnen kann: 10 – die Jungsteinzeit endet, die Bronzezeit beginnt, 9 – in Oberägypten wird die erste Buchstabenschrift verwendet, 8 – die Gräber im ägyptischen Tal der Könige werden angelegt, 7 – die Chinesen erfinden den Kompass, die Griechen vollziehen den Übergang von der Bronzezeit in die Eisenzeit, 6 – Pythagoras wirkt in Griechenland, Buddha in Indien, Konfuzius in China, 5 – nach dem Ende der griechischen Hochkultur entwickelt sich Rom zur Weltmacht, 4 – aus einer jüdischen Sekte entwickelt sich das Christentum zur dominanten Religion, 3 – die antike Kultur ist nach dem Ende des Römischen Reichs und der Expansion des Islam untergegangen, das Frühmittelalter beginnt, 2 – im Hochmittelalter rufen die Päpste zu Kreuzzügen auf und führen die Inquisition ein, 1 – Luther löst die Reformation aus, die europäische Hexenverfolgung beginnt, die Berechnungen des Kopernikus erschüttern das geozentrische Weltbild, 0 – prost Neujahr! In den letzten Millisekunden vor Mitternacht war *Homo sapiens demens* besonders rührig: Er erfand nicht nur den Blitzableiter, die

Glühbirne und die Digitalkamera, sondern schlachtete auch Hunderte Millionen seiner Artgenossen in unzähligen Kriegen ab. Lassen wir also die Sektkorken knallen! Allzu lange dürfte die Party ohnehin nicht dauern.

Denn wie viele Sekunden wird der Mensch im ersten Jahr nach dem Urknall existieren? Eine Sekunde (umgerechnet etwa 434,5 Jahre)? Zehn Sekunden? Eine halbe Minute? Würden wir es bis 00.01 Uhr am Neujahrstag schaffen (26 065 Jahre), wäre das für eine demente Spezies wie die unsrige schon beachtlich, eine Verweildauer bis ein Uhr morgens (1 563 927 Jahre) ein kleines Wunder. Am zweiten Januar (in 37 534 246 Jahren) wird es uns mit ziemlicher Sicherheit nicht mehr geben. Allerdings werden wir nicht die Einzigen sein, die im Laufe des Januars von der Bühne des Lebens abtreten werden. Da die Leuchtkraft unserer Sonne kontinuierlich steigen wird, werden wohl schon am 14. Januar des kosmischen Kalenders (in etwa 500 Millionen Jahren) keine höheren Lebensformen mehr auf der Erde existieren, am 24. Januar (in etwa 900 Millionen Jahren) werden sämtliche Pflanzen verschwunden sein. Anfang März (in rund zwei Milliarden Jahren) wird sich die Erde in einen reinen Wüstenplaneten verwandelt haben. Mitte Juli (in sieben Milliarden Jahren) wird sich die Sonne zu einem Roten Riesen aufblähen und das 250-Fache ihrer jetzigen Ausdehnung erreichen. Vermutlich wird die Erde kurz darauf in die Sonne stürzen, die nach einigen gigantischen Heliumblitzen Ende Juli (in 7,7 Milliarden Jahren) zu einem Weißen Zwerg mutieren wird, der – wie die Asche eines Lagefeuers – noch eine Zeit lang, mindestens bis zum Ende des zweiten kosmischen Kalenderjahres, still vor sich hin glüht, bis am Ende auch bei unserer guten alten Sonne sämtliche Lichter ausgehen.

Der Blick in den auf zwei Jahre komprimierten kosmischen Kalender macht zweierlei deutlich: *Erstens*, dass das irdische Leben bloß eine flüchtige Randerscheinung in den unendlichen Weiten des Universums ist. *Zweitens*, dass der Mensch innerhalb dieser Randerscheinung nur eine sehr untergeordnete Rolle spielt. Im kosmischen Kalender hat *Homo sapiens* allenfalls den Status einer *Eintagsfliege* (geboren am 31.12, ausgestorben am 1.1.) – bei genauerer Betrachtung nicht einmal das. *Die eigentlichen Herrscher der Erde waren und sind die Bakterien, die lange vor uns existierten und auch noch lange nach uns existieren werden.*

Was also ist davon zu halten, wenn sich ausgerechnet die »kosmische Eintagsfliege« Mensch einbildet, im Zentrum des Universums zu stehen? Gibt es einen klareren Beleg für die Unzurechnungsfähigkeit dieser Spezies? Wie blöde muss man eigentlich sein, um den Größenwahn zu übersehen, der uns Tag für Tag in Kirchen, Moscheen, Synagogen, Tempeln entgegenschwappt? Der vermeintliche Schöpfer des unendlichen Universums soll wirklich nichts Besseres im Sinn gehabt haben, als sich ausgerechnet in Gestalt einer zufällig entstandenen und bald wieder aussterbenden Affenart auf dem Mini-Planeten Erde zu inkarnieren und gekreuzigt zu werden? Lächerlich! Er soll Wert darauf legen, dass die affenartigen Lebensformen auf diesem unbedeutenden Planetchen sich ihm unterwerfen, indem sie fünfmal am Tag arabische Sätze aufsagen? Grotesk! Der vermeintliche Schöpfer des Alls soll sich allen Ernstes daran stören, wenn zu bestimmten Zeiten, die diese Erdlinge als »Sabbat« bezeichnen, Kinderwagen geschoben werden? Völlig meschugge!

Der Makel, Mensch zu sein

Es ist schon bemerkenswert, was sich *Homo demens* so alles einzubilden vermag, bloß weil er die Körperbehaarung abgeworfen und die Digitalarmbanduhr angezogen hat. Wohl nirgends wird das so deutlich wie in unserem Umgang mit nichtmenschlichen Tieren. Selbstverständlich halten wir uns im Vergleich zu ihnen für etwas Besseres, ja: für das Beste schlechthin, die *Krone der Schöpfung*, obwohl alle Fakten belegen, dass wir bloß die *Neandertaler von morgen* sind. In dem zwanghaften Bestreben, sich von »dem« Tier abzugrenzen, scheut sich *Homo demens* wahrlich keiner Torheit. Dabei sind wir mit vielen Tieren nicht nur im höchsten Maße genetisch verwandt, sondern teilen auch alle grundlegenden Emotionen mit ihnen.

Dass unsere nächsten Verwandten, die Schimpansen, Bonobos, Gorillas und Orang-Utans, ein Ich-Bewusstsein besitzen, um Verstorbene trauern, die Zukunft antizipieren, dürften Sie mitbekommen haben, aber wissen Sie auch, dass schon Schweine sich im Spiegel erkennen und kognitive Leistungen wie Primaten erbringen? Dass Kühe über den Verlust ihrer Kälber weinen und in der Stallhaltung regelrechte Depressionen entwickeln? Dass Hühner miteinander über die Qualität des Futters kommunizieren und dass ihr Herz zu rasen beginnt, wenn sie erkennen, dass ihre Küken in Not geraten? Zahlreiche Tiere auf diesem Globus empfinden Lust und Schmerz, Freud und Leid, Hoffnung und Verzweiflung in ähnlicher Weise wie wir. Würden wir einsehen, dass uns eine evolutionäre Kontinuität mit allen anderen Lebewesen verbindet, würden wir begreifen, dass wir bloß »Leben sind, das Leben will, inmitten von Leben, das leben will«[9], so würde dies unser Denken und Handeln radikal verändern. *Es wäre die wohl größte Revolution der Menschheitsgeschichte.*

Doch eben das lässt *Homo demens* nicht zu. Mit der gleichen stumpfsinnigen Kaltschnäuzigkeit, mit der er Jahr für Jahr Millionen seiner Artgenossen in den Hungertod treibt, wendet er sich seinen Verwandten im Tierreich zu: Angesichts der Tatsache, dass allein in Deutschland jährlich rund 40 Millionen Schweine geschlachtet werden, wundert es nicht, dass jedem einzelnen dieser intelligenten und hochsensiblen Tiere nur ein Quadratmeter Lebensraum zugebilligt wird, dass man es nicht für nötig hält, sie bei der Kastration zu betäuben, dass man ihnen neben Antibiotika auch Psychopharmaka verabreichen muss, damit sie die Tortur eines Lebens unter menschlicher Obhut so lange durchstehen können, bis sie reif für den Schlachter sind.

In völliger Verkennung der Tatsache, dass wir nicht *über* der Natur stehen, sondern bloß *Teil* der Natur sind, machen wir uns – getreu der dummdreisten biblischen Maxime – »die

Erde untertan«. Das bekommen nicht nur Abermillionen von Schweinen, Kühen, Schafen, Hühnern, Gänsen und Enten zu spüren, die Jahr für Jahr aus kulinarischen Gründen zu Tode gequält werden, sondern auch die vielen Millionen Tiere, die wir zu Forschungszwecken foltern oder in zoologischen Gärten unter oftmals unwürdigen Bedingungen gefangen halten. Selbstverständlich bleiben auch frei lebende Tiere von der rasenden Tyrannei des *Homo demens* nicht verschont, sind wir es doch, die ihre Lebensräume mehr und mehr zerstören und damit letztlich die Grundlagen für den beschleunigten Untergang unserer eigenen Spezies schaffen.

Laut Schätzungen des WWF *(World Wide Fund for Nature)* ging die Artenvielfalt zwischen 1970 und 2005 um 27 Prozent zurück. Man kann das Artensterben unserer Zeit also durchaus mit den Katastrophen der prähistorischen Vergangenheit vergleichen, etwa mit dem Massensterben vor 65 Millionen Jahren, dem unter anderem die Dinosaurier zum Opfer fielen. Der Unterschied freilich ist: Dieses Mal sind es nicht Meteoriteneinschläge oder Vulkanausbrüche, die einen Großteil des Lebens auf der Erde vernichten. Es ist eines der irdischen Lebewesen selbst, es ist *Homo demens*, der mit seinem grenzdebilen Verhalten sich und andere in den Abgrund reißt, der es offensichtlich gar nicht erwarten kann, von der Bühne des Lebens abzutreten.

Zur Erreichung dieses Ziels haben wir innerhalb der letzten Jahrzehnte beachtliche Leistungen erbracht: Wir haben die Böden vergiftet, die Luft verpestet, die Meere überfischt, die Wälder gerodet. Wir haben innerhalb eines schlappen Jahrhunderts Ressourcen ausgeplündert, die über Jahrmillionen entstanden sind, und im Gegenzug Technologien erfunden, die ganze Landstriche für Jahrtausende unbewohnbar machen. Jane Fonda brachte das dämliche Gebaren von *Homo demens* einmal sehr schön auf den Punkt: »Wir gehen mit der Welt um, als hätten wir noch eine zweite im Kofferraum.«

Glauben Sie mir: Könnte man aus dem Club *Homo sapiens demens* austreten, so, wie man einem miesen Sportverein, einer von Idioten durchsetzten Partei, einer von Schwachköpfen dominierten Glaubensgemeinschaft die Mitgliedschaft aufkündigt – ich hätte es längst getan. Doch ein Austritt aus *Homo sapiens demens* ist zu Lebzeiten bekanntlich nicht möglich. *Wir sind geborene Mitglieder dieses Clubs, verurteilt dazu, den Makel, Mensch zu sein, ein Leben lang mit uns herumzutragen.*

Homo sapiens oder Homo demens?

Doch Jammern hilft nicht. Versuchen wir stattdessen, das Beste aus unserer Lage zu machen. Immerhin hat uns die biologische Evolution durchaus vielversprechende Anlagen mit auf den Weg gegeben. Denn – ob Sie es glauben oder nicht: *Der Mensch hat das Potenzial, ein besonders kluges und sanftes Tier sein.*[10] *Homo demens* muss keineswegs das Ende der Fahnenstange sein. Tatsächlich trägt jeder von uns die Anlage zu beidem in sich, zum hohlköpfig-wütenden *Homo demens* wie zum sanftmütig-klugen *Homo sapiens*.

Um einen Vergleich aus dem Reich der Insekten zu bemühen: Bekanntlich würde sich jede beliebige Honigbienenlarve zu einer Bienenkönigin entwickeln, wenn sie konsequent mit *Gelée Royale* gefüttert würde. (Normale Arbeiterinnen erhalten diesen speziellen Futtersaft nur in den ersten drei Larvenstadien, künftige Königinnen durchgehend.) Es bietet sich also an, die Bienenkönigin als Metapher für *Homo sapiens* zu wählen und Gelée Royale als Symbol für jene besonderen Rahmenbedingungen, die gegeben sein müssen, damit sich ein solches Ausnahmeexemplar unserer Spezies entfalten kann. Allerdings hinkt der Vergleich in *einer* Hinsicht gewaltig: Es wäre unfair, hocheffiziente Bienenarbeiterinnen mit *Homo demens* zu vergleichen.

Jedoch gibt es im Reich der Insekten eine gute Analogie zu *Homo demens*, nämlich *geistig verwirrte Ameisen, die von Leberegel-Larven befallen sind.*[11] Ich meine: Gäbe es einen Gott, so würde allein der Lebenszyklus des kleinen Leberegels ausreichen, um zu belegen, dass der ominöse »Schöpfer« einen *äußerst schrägen Sinn für Humor* hat. Doch urteilen Sie selbst: In den Körper der Ameise gelangen die Larven des kleinen Leberegels durch infizierte Schleimbällchen von Landschnecken, die Ameisen gerne verspeisen. Während es sich die meisten Leberegel-Larven nach dem fatalen Mahl in der Leibeshöhle der Ameise gemütlich einrichten, wandert eine von ihnen ins Zentrale Nervensystem des Opfers, wo sie eine nachhaltige Veränderung des Verhaltens bewirkt: Gesteuert von dem »Hirnwurm« in ihrem Kopf, verlässt die Ameise ihre Gruppe, klettert auf die Spitze eines Grashalms und beißt sich dort infolge eines Starrkrampfs ihrer Mundwerkzeuge fest. Ziel der selbstmörderischen Übung: Die Ameise soll von einer Ziege, einem Schaf, Rind, Schwein, Hund oder Hasen gefressen werden, denn nur so gelangen die Leberegel in ihr »Gelobtes Land«, die Galle ihres Endwirts. Ihr Zwischenwirt, die vom Hirnwurm gesteuerte Ameise, bleibt dabei natürlich auf der Strecke. Bei Menschen, die von »ideologischen Hirnwürmern« befallen werden, ist Ähnliches zu beobachten. Denken Sie nur an die Attentäter des 11. September …

Im übertragenen Sinne können wir uns also fragen: Was ist das *Gelée Royale*, das uns zu *Homo sapiens* macht? Und wie – um alles in der Welt – schützen wir uns vor jenen *Hirnwürmern*, die uns zu *Homo demens* degenerieren lassen? Da aufgrund der quantitativen Übermacht dieser Spezies weit mehr Erkenntnisse zu *Homo demens* und seinen *Hirnwürmern* vorliegen als zu *Homo sapiens* und seinem *Gelée Royale*, scheint es sinnvoll zu sein, die Untersuchung bei *Homo demens* zu beginnen.

Begeben wir uns also mitten hinein ins Hirnwurm-Wunderland. Doch Vorsicht! Gleich zu Beginn unserer Expedition werden wir einem der gefährlichsten und widerstandsfähigsten Hirnwürmer aller Zeiten begegnen – einem Wurm, der die Menschen schon seit Jahrtausenden dazu bringt, die absonderlichsten Dinge zu tun und zu glauben, der sie zu wahrem Blutrausch aufstachelt, der Eltern dazu motiviert, ihre eigenen Kinder zu foltern, der junge Männer und Frauen so sehr verwirrt, dass sie sich mit einem Lächeln auf den Lippen in die Luft sprengen. Vielleicht ahnen Sie, wohin die Reise geht: Es ist der *Heilige Gral des Stumpfsinns*, ein Ort, an dem *Größenwahn* als *Demut* und *Blödheit* als *Erhabenheit* verkauft wird, an dem sich *Homo demens* mit besonders erbarmungsloser Konsequenz der Lächerlichkeit preisgibt: *Willkommen in der wundersamen Welt der Religioten!*

DIE WUNDERSAME WELT
DER RELIGIOTEN
Heilige Einfalt und ihre Folgen

Homo demens erschuf die Götter nach seinem Ebenbild – kein Wunder, dass sie sich in einem so beklagenswerten Zustand befinden. Denken Sie nur an die christliche Standardausführung des *Deus demens* (des »wahnsinnigen Gottes«), von dem das meistgedruckte Buch aller Zeiten (!), die Bibel, folgende Absonderlichkeiten zu berichten weiß:

Nachdem Gott das unendliche Universum mit seinen Trilliarden von Sternen und Planeten erschaffen hatte, ärgerte er sich über das Verhalten einiger affenartiger Lebensformen auf der Erde so sehr, dass er beschloss, fast alle Lebewesen auf diesem Planeten zu ertränken (Sintflut). Doch dieser grauenhafte Biozid reichte nicht aus, um den allmächtigen Schöpfer mit seinen Geschöpfen wieder zu versöhnen. Dies war wohl der Grund dafür, dass Gott im Laufe der Zeit einen Wesenszug entwickelte, den man bei einem Menschen als »multiple Persönlichkeitsstörung« diagnostizieren würde, der bei einem allmächtigen Wesen aber liebevoll »Dreifaltigkeit« genannt wird. Jedenfalls ersann Gott in diesem dreifaltigen Zustand einen verwegenen Plan: Sein erster Teil (Gottvater) sandte den zweiten Teil (Heiliger Geist) aus, um eine Menschenfrau zu schwängern, sodass schließlich der dritte Teil (Gottessohn) als Mensch gewordener Gott geboren wurde. Ziel der Mission: Der Gottessohn sollte auf grausame Weise hingerichtet werden und dann am dritten Tag wieder von den Toten auferstehen. Warum? Weil Gott offenbar nur durch diesen Akt der Selbstbestrafung – auch dies ein bekanntes Muster aus der Psychiatrie – mit sich und seiner Schöpfung wieder ins Reine kommen konnte.

Im Gedenken an diese hochgradig psychopathologische »Erlösungstat« feiern die Anhänger des dreifaltigen Gottes noch heute ein seltsames Ritual, in dessen Mittelpunkt kleine, runde Teigoblaten stehen, die an den Boden von Kokosmakronen erinnern. Die Meinungen gehen auseinander, ob es an den Zaubersprüchen der jeweiligen Zeremonienmeister (katholische und orthodoxe Priester) oder an der »Gnade Gottes« (lutherische Variante) liegt – jedenfalls sollen sich die profanen Teigoblaten während des Rituals wahrhaftig (nicht bloß symbolisch!)[12] in den milliardenfach sich replizierenden Leib des verstorbenen Erlösers verwandeln. Dieser Leib wird von den Gläubigen gleich nach der Wesensverwandlung der Oblate verspeist, denn das hatte der Gottessohn seinen Jüngern in der »Heiligen Schrift« aufgetragen: »Wer mein Fleisch isst und mein Blut trinkt, hat das ewige Leben, und ich werde ihn aufwecken am Letzten Tag. Denn mein Fleisch ist wirklich eine Speise, und mein Blut ist wirklich ein Trank. Wer mein Fleisch isst und mein Blut trinkt, der bleibt in mir, und ich bleibe in ihm.«[13] Na dann: Guten Appetit! Der Sinn dieses rituell-kannibalischen Aktes (schon der Züricher Reformator Zwingli sprach von »Menschenfresserei«, Sigmund Freud griff die Diagnose Jahrhunderte später wieder auf) ist ebenso obskur wie der Vorgang selbst: Angeblich soll er die Gläubigen vor Todsünden und Dämonenbefall bewahren, sodass sie später nach ihrem irdischen Dahinscheiden Zugang zum Himmelreich erhalten, statt postmortal im ewigen Höllenfeuer gebraten zu werden.

Halleluja! Was sagt es über unsere ach so intelligente Spezies aus, dass für eine solche Mär Millionen von Menschen ihr Leben lassen mussten? Was verrät es über uns, dass sich trotz der »Kriminalgeschichte des Christentums«[14], trotz der offenkundigen Wahnhaftigkeit der christlichen Dogmen, nach offizieller Statistik 2,2 Milliarden Menschen dazu bekennen, einen solchen *Deus-demens*-Hirnwurm in sich tragen?! Versuchen Sie einmal, sich von allen Denkgewohnheiten frei zu machen, die Ihnen wohl schon von Kindesbeinen an eingetrichtert wurden: *Würden Sie einen Menschen, der eine solche Geschichte ernsthaft glaubt, für zurechnungsfähig halten?* Würden Sie es als sinnvoll erachten, ihn in ein politisches Amt zu wählen? Würden Sie ihm – einem rituellen Kannibalen! – bedenkenlos Ihre Kinder anvertrauen?

Lassen Sie sich ruhig Zeit mit der Beantwortung dieser Fragen. Wir werden zu einem späteren Zeitpunkt auf sie zurückkommen. Hier wollen wir zunächst einen Blick auf einige andere »Heilsgeschichten« werfen, die sich *Homo demens* im Laufe der letzten Jahrtausende eingebildet hat. Aus Platzgründen (*Homo demens* war so frei, gleich Tausende von Göttern zu erfinden) werden wir uns dabei auf die nächsten Verwandten des christlichen *Deus demens* konzentrieren, den *jüdischen Jahwe*, dessen Name man nicht aussprechen darf (wie Lord Voldemort in »Harry Potter«), und den *muslimischen Allah*, dessen Name dafür gleich fünfmal am Tag von den Gläubigen gepriesen werden soll.

Jüdische Illusionen und antisemitischer Wahn

Jahwe, dessen vermeintliche Autobiografie (»Wort Gottes«) später die Kopiervorlage für den christlichen und muslimischen Gott bildete, begann seine Karriere als »Weltenherrscher« recht bescheiden (was in der offiziellen Biografie allerdings höflich unterschlagen wird): In der Zeit des ägyptischen Pharaos Ramses III. (12. Jahrhundert vor unserer Zeitrechnung) taucht die Abkürzung JHW als Bezeichnung eines Gebirges im Ostjordanland sowie als Name eines provinziellen Berggottes auf, der von den dort lebenden Beduinen verehrt wurde. Tontafeln aus der Zeit weisen Jahwe als Sohn des populären Stiergottes El aus, der als »Schöpfer der Welt« und stolzes Oberhaupt einer ansehnlichen Götterfamilie galt. (Allein mit der Fruchtbarkeitsgöttin Aschera soll der fleißige El 70 Götter und Göttinnen gezeugt haben.) Jahwe war also zunächst nur *ein* Gott unter *vielen* Göttern. Dies begann sich zu ändern, als König Joschija im 7. Jahrhundert vor unserer Zeitrechnung über das kleine Reich Juda herrschte. Um die Stämme Palästinas politisch und kulturell zu einigen, erklärte Joschija den mittlerweile zum Jerusalemer Stadtgott aufgestiegenen Jahwe zum einzigen Gott des judäischen Volkes und setzte alles daran, die unzähligen alternativen Kulte seiner Zeit auszumerzen. Wie erfolgreich Joschijas Religionspolitik war, lässt sich heute schwerlich ermessen, Fakt ist aber, dass Jahwe im Laufe der nachfolgenden Jahrhunderte die himmlische Karriereleiter hinauffiel und zum alleinigen Gott eines »auserwählten Volkes« wurde.

Als göttlicher Emporkömmling, der sich gegen harte Konkurrenz hatte durchsetzen müssen, wies Jahwe vor allem *eine* hervorstechende Eigenschaft auf: *rasende Eifersucht* – ein Charakterdefizit, das uns vom *Homo demens* her sehr geläufig ist. Wie furchtbar eifersüchtig sich Jahwe gerierte, wird gleich zu Beginn der berühmt-berüchtigten *Zehn Gebote* deutlich, denn es steht geschrieben: »Du sollst neben mir keine anderen Götter haben. (…) Denn ich, der Herr, dein Gott, bin ein eifersüchtiger Gott: Bei denen, die mir feind sind, verfolge ich die Schuld der Väter an den Söhnen, an der dritten und vierten Generation …«[15]

Bei derartigen Rachedrohungen (nimmt man Gott beim Wort, müssten nicht nur mein heute zehnjähriger Sohn, sondern auch dessen ungeborene Söhne, Sohnessöhne und Sohnessohnessöhne für die lästerlichen Zeilen in diesem Buch büßen) fügt man sich wohl besser. Immerhin wurde Jahwes fürchterlicher Zorn in der hebräischen Bibel eindrucksvoll geschildert: Denken Sie nur an das Schicksal der Städte Sodom und Gomorrha, die Jahwe dem Erdboden gleichmachte, weil dort gotteslästerliche homosexuelle Handlungen stattgefunden haben sollen. Solch grausige Erzählungen machten auf Dumpfbacke *Homo demens* natürlich gewaltigen Eindruck, weshalb es nicht verwunderlich ist, dass Schwule in manchen Teilen der Welt noch heute als »Sodomisten« verunglimpft und verfolgt werden.

Man kann es den Verfassern der hebräischen Bibel, die vom

6. bis zum 2. Jahrhundert vor unserer Zeitrechnung an diesem heterogenen Werk arbeiteten, sicher nicht verdenken, dass sie ihre eigene Gruppe zum »auserwählten Volk« stilisierten, ihren Gott zum alleinigen Weltenherrscher erklärten und zur Unterstützung dieser Botschaft phantastische Geschichten erfanden (etwa den Auszug aus Ägypten oder die Eroberung Jerichos), die historisch nie stattgefunden haben.[16] Was die barocke Überhöhung der eigenen Geschichte betrifft, standen die biblischen Schriftsteller keineswegs alleine da: Jede Volksgruppe, die etwas auf sich hielt, besaß ihre eigenen großspurigen Legenden und selbstverständlich auch eigene Götter, die ihr in »ruhmreichen Schlachten« zur Seite standen. Wahrscheinlich wäre der zornige Jahwe heute ebenso vergessen wie die Götter der alten Ägypter, Griechen, Römer, Kelten oder Germanen (wer glaubt noch an Atum, Thot, Horus, Isis, Amun, Zeus, Dionysos, Pan, Poseidon, Athene, Hera, Jupiter, Venus, Diana, Vesta, Teutates, Taranis, Esus, Odin, Thor, Tyr oder Frigg?), hätte der Jahwekult nicht zwei religiöse Ableger hervorgebracht, die sich, da sie zufälligerweise dem Ungeist ihrer Zeit entsprachen, recht bald zu Weltreligionen entwickeln konnten: *Christentum* und *Islam*.

Dass das Judentum – im Unterschied zu so vielen anderen historischen Religionen – die Jahrtausende überdauerte, ist nicht zuletzt dem Umstand zu verdanken, dass Christen und Muslime, nachdem sie das jüdische Erbe gnadenlos ausgeplündert hatten, alles taten, um sich von »den Juden« abzugrenzen. Besonders markant war dieser Vorgang im Christentum: Der Wandel von der Weltuntergangssekte eines jüdischen Wanderpredigers hin zur antijüdischen, christlichen Religion vollzog sich bereits in den Texten des Neuen Testaments: So heißt es im Johannesevangelium, dass die Juden den »Teufel zum Vater« haben.[17] Der Verfasser des Matthäusevangeliums wiederum legte ihnen angesichts der Kreuzigung Jesu (für die im Grunde ja »die Römer«, nicht »die Juden« verantwortlich waren – eigentlich hätten also »die Italiener« als »Gottesmörder« in die Geschichte eingehen müssen) jene verhängnisvolle Selbstverfluchung in den Mund, auf die sich später ganze Generationen von Judenhassern berufen sollten: »Sein Blut komme über uns und unsere Kinder!«[18]

Schon die ersten christlichen Kaiser ließen entsprechende Taten folgen. Sie schränkten die Rechte des »durch gottloses Verbrechen befleckten« jüdischen Volkes mehr und mehr ein und unterbanden die weitere Ausbreitung des jüdischen Glaubens in ihrem Herrschaftsgebiet, indem sie die Konversion zum Judentum unter Todesstrafe stellten. Im christlichen Mittelalter kam der Wahn erst richtig zur Blüte: Man unterstellte den »Gottesmördern«, Ritualmorde zu begehen, Hostien zu schänden, Brunnen zu vergiften und Krankheiten wie die Pest zu verbreiten. Zahlreiche Pogrome waren die Folge. Doch das reichte der *Homo-demens*-Fraktion der frommen Eiferer noch lange nicht: So fragte der Reformator Martin Luther in seiner Hetzschrift »Von den Juden und ihren Lügen«, was man mit »diesem verworfenen und verdammten Volk« anstellen solle. Sein Ratschlag war, »dass man ihre Synagoge oder Schule mit Feuer anstecke, und was nicht brennen will, mit Erde überhäufe und beschütte, dass kein Mensch einen Stein oder Schlacke davon sehe ewiglich«.[19]

In der Reichspogromnacht vom 9. zum 10. November 1938 (an »Luthers Geburtstag«, wie der evangelische Landesbischof von Thüringen, Martin Sasse, jubilierte) wurde der »treue Rat« des Reformators endlich umgesetzt. Denn Hitler, der bereits in »Mein Kampf« seinen Status als *Homo-demens*-Volltrottel eindrucksvoll unter Beweis gestellt hatte (»Indem ich mich des Juden erwehre, kämpfe ich für das Werk des Herrn … Die Aufgabe, mit der Christus begann, die er aber nicht zu Ende führte, werde ich vollenden«[20]), glaubte allen Ernstes an eine »jüdische Weltverschwörung«, die seit »Anbeginn der Zeit« auf eine »Vernichtung der Welt« hinarbeitete und in die so unterschiedliche Personen wie Moses, Paulus, Spinoza, Lassalle, Rothschild, Heine, Marx, Lenin und Einstein verwickelt waren.[21] Man weiß gar nicht, wovor man sich mehr ekeln soll – vor der bestialischen Kaltschnäuzigkeit, mit der Hitlers Schergen den Massenmord an Millionen jüdischer Männern, Frauen und

Kindern verübten, oder vor der abgrundtiefen Stumpfsinnigkeit, der brechreizerregenden Mega-Blödheit jenes *Homodemens*-Hirnwurms, der die nationalsozialistischen Gräueltaten heraufbeschwor.

Immerhin: Mit der zivilisatorischen Zäsur, die mit der Verarbeitung des Holocaust einherging, ebbte der traditionelle Judenhass innerhalb des Christentums ab. Dafür nahm er innerhalb des muslimischen Kulturkreises immer bedrohlichere Ausmaße an – und dies, obwohl der Islam ursprünglich gegenüber dem Judentum toleranter war als das Christentum: Immerhin galten Juden (wie Christen) als »Dhimmi«, als Schutzbefohlene, die mit eingeschränktem Rechtsstatus und gegen Zahlung einer entsprechenden Steuer im muslimischen Hoheitsgebiet geduldet wurden. (Um dieser Dhimmi-Steuer zu entgehen und gleiche Rechte zu erhalten, traten ab dem 7. Jahrhundert im Nahen Osten übrigens massenhaft Juden zum Islam über, sodass man davon ausgehen kann, dass viele Palästinenser, die heute eifrig ihren antisemitischen Wahn demonstrieren, selbst von Juden abstammen.)

Auch wenn es unter islamischer Herrschaft vereinzelt zu Massakern an jüdischen Menschen kam, war der für Christen typische Judenhass unter Muslimen über Jahrhunderte hinweg wenig verbreitet. Dies änderte sich jedoch, als sich während des britischen Mandats über Palästina (1922–1948) mehr und mehr Juden in der Region ansiedelten. Als Reaktion darauf rief die 1928 in Ägypten gegründete *Muslimbruderschaft* nicht nur zum Kampf gegen Kolonialismus und »westliche Dekadenz« auf, sondern eben auch zur Vertreibung der Juden. Schon bald fanden die Muslimbrüder Bündnispartner in Palästina, wo während des »Arabischen Aufstands« von 1936 bis 1939 unzählige Anschläge auf Juden verübt wurden. Führer der Revolte war der berühmt-berüchtigte »Großmufti von Jerusalem«, Mohammed Amin al-Husseini, der bereits 1933 Kontakt zu Nazideutschland aufgenommen und seine Dienste im Kampf gegen das »Weltjudentum« angeboten hatte. Nach der Niederschlagung des Aufstands in Palästina floh al-Husseini 1941 nach

Deutschland, wo er, von Hitler großzügig unterstützt, sein Möglichstes tat, um antisemitische Hirnwürmer in muslimische Köpfe zu verpflanzen.[22]

Dass al-Husseini, der gegenüber Hitler, Himmler, Eichmann & Co. immer wieder die Ausrottung der Juden gefordert hatte und sich als SS-Gruppenführer aktiv an den Nazigräueltaten beteiligte, später nicht als Kriegsverbrecher verurteilt wurde, verdankte er der »hohen Kunst der Diplomatie«: Die Siegermächte wollten den prominenten islamischen Geistlichen partout nicht auf die Anklagebank setzen. Und so konnte sich al-Husseini, der 1974 in Ägypten starb, drei weitere Jahrzehnte seiner *Homo-demens*-Mission widmen: *der Verbreitung der gefährlichen Hirnkrankheit »Islamismus«, die bis zum heutigen Tag die Welt unsicher macht.* Nicht auszudenken, wo wir ohne Wirrköpfe wie al-Husseini oder Hassan al-Banna, den Gründer der Muslimbrüder, stehen würden. Womöglich wäre im Nahen Osten längst Frieden eingekehrt und die konfliktbeladene Unterscheidung in »Juden« und »Muslime« bedeutungslos geworden.

Unheiliger Kampf ums »Heilige Land«

Tragischerweise hat die israelische Politik nicht unwesentlich dazu beigetragen, dass dieser brandgefährliche Konflikt zementiert wurde. Der politische Grundfehler bestand bereits darin, dass sich Israel als »Staat des jüdischen Volkes« konstituierte – und nicht als »Staat der auf israelischem Boden lebenden Menschen«. Angesichts der Jahrhunderte währenden Verfolgung jüdischer Menschen, die im Holocaust gipfelte, war dieser Bezug auf das »jüdische Volk« zwar verständlich, doch leider das falsche Signal zur falschen Zeit. Denn auf diese Weise wurden nicht nur nichtjüdische Israelis diskriminiert und entsprechende Vorurteile unter Muslimen bestärkt, es wurde auch die verhängnisvolle Fiktion aufrechterhalten, dass es ein »jüdisches Volk« als klar abgrenzbare Einheit überhaupt gebe: Bei genauerer Betrachtung zeigt sich jedoch, *dass ein »jüdisches*

Volk« ebenso wenig existiert wie ein »christliches Volk« oder ein »muslimisches Volk«.[23]

Tatsächlich ist das geschichtsträchtige Bild des gewaltsam aus dem »Heiligen Land« vertriebenen, über Jahrhunderte in der Diaspora umherwandernden »jüdischen Volks« Unsinn. Schon zu Jesu Zeiten lebte die überwiegende Mehrheit der Juden außerhalb Palästinas, was nicht zuletzt daran lag, dass das Judentum einst eine ausgesprochen missionarische Religion war. Da viele Menschen, die zum Judentum konvertierten, keine judäischen Vorfahren hatten, ist es nicht erstaunlich, dass der Verwandtschaftsgrad zwischen den diversen »jüdischen Ethnien«[24] ausgesprochen gering ist. Kurzum: »*Die Juden*« *sind gar kein Volk, sondern eine Gruppe von Menschen unterschiedlichster Herkunft.* (In abgemilderter Form gilt das natürlich auch für andere »Völker«: Wer wider alle Vernunft mit »völkischen« Begriffen hantiert, verrät schon allein dadurch seine Zugehörigkeit zur dumpfen Spezies *Homo demens.*)

Sinnvollerweise kann der Begriff »Jude« nur die Zugehörigkeit zur jüdischen Religionsgemeinschaft kennzeichnen, so wie das Wort »Christ« die Zugehörigkeit zur christlichen Religionsgemeinschaft markiert. Tatsache ist jedoch, dass viele, wenn nicht sogar die meisten »Juden« weltweit *im religiösen Sinne gar keine Juden sind.* Selbst in Israel sind etwa 44 Prozent der Juden säkular, haben also den Glauben an den zornigen alten *Deus demens* Jahwe aufgegeben. Dies zeugt zwar davon, dass die Pseudogruppe »der Juden« mehr *Homo-sapiens*-Mitglieder hervorgebracht hat als die meisten anderen Gruppen, bringt israelische Politiker jedoch in arge Bedrängnis: Eigentlich müssten sie zugeben, dass viele »jüdische Israelis« im eigentlichen Sinne gar nicht jüdisch sind, was jedoch die Formel vom »Staat des jüdischen Volkes« ad absurdum führen würde. Um dies zu vertuschen, werden in Israel absurderweise auch diejenigen als »Mitglieder der jüdischen Religion« geführt, die die jüdische Religion entschieden ablehnen. Um als »Jude« zu gelten reicht es aus, Kind einer jüdischen Mutter zu sein, die, sofern sie selbst nicht religiös war, von einer jüdischen Mutter abstammt, die, sofern sie selbst nicht religiös war, von einer jüdischen Mutter abstammt, die … und so weiter und so fort, bis in der mütterlichen Abstammungslinie endlich eine Dame auftaucht, die tatsächlich dem alten Jahwekult anhing.

Diese krude Mischung aus religiösen und biologischen Aspekten erinnert nicht nur fatal an die Wahnideen, die den Nürnberger Rassegesetzen zugrunde lagen, sie hat ausgerechnet die moderne Demokratie Israels einer Spezies ausgeliefert, die in der israelischen Gesellschaft völlig unterrepräsentiert ist: *Homo demens religiosus*. Man erkennt das vor allem im Zivilrecht, das weitgehend von religiösen Kräften bestimmt ist. Um die Fiktion des »jüdischen Volkes« aufrechtzuerhalten, gibt es in Israel keine Zivilehe. Heiraten unter Mitgliedern verschiedener »Glaubensgemeinschaften« sind faktisch ausgeschlossen, da jüdische und muslimische Geistliche »Mischehen« rigoros ablehnen, was sich höchst nachteilig auf die israelische Gesellschaft auswirkt. (Auch in Europa nahmen die Spannungen zwischen Katholiken und Protestanten erst ab, als zunehmend interkonfessionelle Ehen geschlossen wurden.)

Es ist wahrlich ein Treppenwitz der Geschichte, dass ausgerechnet »die Juden«, aus deren Reihen einige der entschiedensten Religionskritiker stammen (man denke nur an Spinoza, Marx, Freud oder Einstein), es nicht schafften, in ihrem »eigenen« Staat die Trennung von Staat und Religion zu verankern. Konsequenz: Ausgerechnet »die Juden«, die mehr Psychotherapeuten als jede andere Gruppe auf der Welt hervorbrachten, lassen sich von einer Horde Zwangsgestörter dominieren, die so stark religiös traumatisiert sind, dass sie schon das Aufspannen eines Regenschirms am Sabbat als »schlimme Gotteslästerung« fürchten. (Falls Sie sich fragen, warum: Ein offenbar zu absonderlichen Scherzen aufgelegter Hirnwurm flüstert ihnen ein, dass Regenschirme so etwas wie Zelte sind und somit das Aufspannen eines Schirms einer am Sabbat verbotenen »Bautätigkeit« gleichkommt.)

Allein die vielen hunderttausend Seiten, die in den letzten Jahrhunderten über die korrekte Auslegung der Sabbatregeln geschrieben wurden, bestätigen auf tragisch-komische Weise die enorme Wahnanfälligkeit des Menschen. Die Auseinandersetzungen innerhalb der jüdischen Orthodoxie stellen sogar den debilen Abendmahlstreit zwischen Katholiken und Protestanten (»Wer oder was verwandelt die vegetarische Hostie in Jesu Leib – der geweihte Priester oder die Gnade Gottes?«) in den Schatten. Denken Sie nur an die groteske Debatte, die zwischen zionistischen und antizionistischen Vertretern des orthodoxen Judentums entbrannt ist: *Die Knalltüten auf der einen Seite* feiern die völkerrechtswidrige Siedlungspolitik in den besetzten Gebieten mit dem Schwachsinnsargument, dass Gott »den Juden« dieses Land versprochen habe. *Die Hohlköpfe auf der anderen Seite* empfinden bereits die Gründung Israels als unverzeihliche Sünde, da nicht der Mensch, sondern der Messias den jüdischen Staat errichten müsse, weshalb sie gemeinsame Sache mit jenen Irren machen, die alles daransetzen, Israel von der Landkarte zu tilgen.

Wie bitterernst es den ultraorthodoxen Antizionisten mit diesem Anliegen ist, bewiesen sie unter anderem, als sie sich 2006 an der berüchtigten Teheraner »Holocaustleugnungs-Konferenz« beteiligten, die unter der Schirmherrschaft des iranischen Präsidenten Mahmud Ahmadinedschad Rechtsextremisten aller Länder versammelte, um die Welt über die »Verschwörung der Zionisten« aufzuklären. Wohl nie zuvor gab es eine derart bunte Ansammlung von *Homo-demens*-Spinnern wie auf dieser Konferenz: Islamisten, Nationalisten, Rassisten, Neonazis, der Ku-Klux-Klan plus jüdisch-orthodoxe Antizionisten – eine *Internationale des Deppentums, gesteuert von grundverschiedenen Hirnwürmern und doch vereint im gemeinsamen Wahn …*

Gottesstaat Iran

Dass Mahmud Ahmadinedschad zum Wortführer jener Dumpfbacken wurde, die Israel auslöschen und die Menschheit vom »verderblichen Einfluss der Zionisten« befreien wollen, ist kein Wunder: Schon von Kindheit an wurde Klein-Mahmud von seinem Vater mit den absonderlichsten Mythen des schiitischen Glaubens infiziert. Später erlag er dem Einfluss des Ayatollah Khomeini, dem er ehrfürchtig in die *tiefsten Tümpel der religiösen Idiotie* folgte: Wie einst Khomeini, so glaubt auch Ahmadinedschad an die Notwendigkeit eines »heiligen Krieges« gegen die Ungläubigen, insbesondere gegen Israel, die vermeintliche »Quelle allen Übels«. Und wie der einstige islamische Revolutionsführer, so rechnet auch der iranische Präsident felsenfest mit einem in Kürze bevorstehenden apokalyptischen Ereignis, nämlich der triumphalen Wiederkehr des »verborgenen 12. Imams« Muhammad al-Mahdi, der das »Goldene Zeitalter des Islam« einleiten soll.

Der Glaube an al-Mahdi, der 869 angeblich als direkter Nachfahre Mohammeds geboren wurde und seit 941 (!) »im Verborgenen lebt«, ist zentraler Bestandteil des schiitischen Wahnsystems.[25] Dieser spezielle Hirnwurm hat vor allem Menschen im Irak, in Pakistan, Afghanistan und im Libanon befallen, das Epizentrum der Epidemie liegt jedoch im Iran: Laut Artikel 5 der iranischen Verfassung ist der knapp 1200 Jahre alte al-Mahdi sogar *offizielles Staatsoberhaupt des Mullahregimes!* Revolutionsführer, Wächterrat und Staatspräsident erfüllen gemäß Verfassung nur die Rolle von Stellvertretern, die im Auftrag des verborgenen Imans bis zu dessen Wiederkehr regieren. Dabei glauben Ahmadinedschad und seine Kollegen allen Ernstes, dass der Mahdi schon sehr bald (eigentlich war das Eintreten dieses Ereignisses schon für 2007 prognostiziert) aus einem trockenen Brunnen der Jamkaran-Moschee klettern, die Weltherrschaft übernehmen und mit Allahs Segen die gesamte Menschheit von ihrem Leid erlösen wird. Der iranische Präsident ist von dieser Wahnidee so unendlich überzeugt, dass er sie sogar vor der UNO-Generalversammlung (!) vortrug. So endete seine Rede vom September 2006, vollmundig als »Beitrag zur Lösung der großen Weltprobleme« angekündigt, mit einer wunderbaren Verheißung (sprich: mit einer Überdosis »heißer Luft«), die an Einfältigkeit kaum zu übertreffen ist: »O Allmächtiger«, hauchte Ahmadinedschad ins Mikrofon, »alle Männer und Frauen sind deine Geschöpfe, und du hast ihre Führung und Erlösung bestimmt. Beschenke die nach Gerechtigkeit dürstende Menschheit mit dem perfekten Menschen [al-Mahdi], den du uns verheißen hast, und mache uns zu seinen Anhängern und zu jenen, die seine Wiederkehr und seine Sache anstreben.«[26]

Die versammelten Staatschefs waren nach der Rede des iranischen Präsidenten einigermaßen sprachlos, was Ahmadinedschad auf die ungeheure Kraft seiner Worte und die Macht des verborgenen Imans zurückführte. Tatsächlich jedoch waren die meisten bloß verwirrt (weil sie den al-Mahdi-Mythos nicht kannten) oder aber (sofern sie ihn kannten) maßlos entsetzt angesichts der Vorstellung, dass ein apokalyptischer Spinner dieses Ausmaßes jemals in den Besitz von Nuklearwaffen kommen könnte. In der Tat ist zu befürchten, dass Ahmadinedschad im Ernstfall jede verfügbare Massenvernichtungswaffe einsetzen würde, um die heiß ersehnte Wiederkehr al-Mahdis zu beschleunigen.

Erbschaftsstreit unter Sunniten und Schiiten

Im Unterschied zu imamitischen *Schiiten* wie Ahmadinedschad halten *Sunniten*, die die Mehrheit der Muslime weltweit stellen, den Glauben an den verborgenen 12. Imam für ausgemachten Stuss – was zweifellos vernünftig ist. Das heißt jedoch nicht, dass der sunnitische Islam in irgendeiner Weise rationaler wäre als der schiitische. Die Ereignisse, die zur Spaltung der islamischen Gemeinschaft führten, verraten schon viel über den Charakter der heute zweitgrößten Religion auf der Erde: Denn die Trennung in Sunniten und Schiiten resultierte aus einer für *Homo demens* typischen Unart, *der Erbstreiterei*. Sie kennen das sicherlich: Kaum ist ein Mensch gestorben, geraten seine lieben Nachfahren in einen unerbittlichen Streit um das Erbe des Verblichenen …

So war es auch nach dem Tode Mohammeds. Sofort bildeten

sich zwei unversöhnliche Lager: Auf der einen Seite stand Fatima, die Tochter des Propheten aus erster Ehe, die ihren Mann Ali Talib (Mohammeds Schwiegersohn) als legitimen Führer der Muslime sah. Auf der anderen Seite positionierte sich Mohammeds jüngste Ehefrau Aischa, die mit dem Propheten im zarten Alter von sechs Jahren verheiratet worden war und nun darauf pochte, dass ihr Vater Abu Bakr (Mohammeds Schwiegervater) die Führungsrolle übernehmen müsse. Im Zuge der Zwistigkeiten zwischen Tochter/Schwiegersohn und Ehefrau/Schwiegervater kam es zunächst zu handfesten innerfamiliären Auseinandersetzungen (so starb Mohammeds Tochter Fatima nach einem Überfall des Schwiegervaters), wenig später zu verheerenden militärischen Schlachten, bei denen Zehntausende ihr Leben lassen mussten.

Absurderweise unterscheiden sich Sunniten und Schiiten bis zum heutigen Tag darin, welcher Fraktion sie in der blutigen Familienfehde nach Mohammeds Tod die Stange halten: Die Sunniten solidarisieren sich mit Aischa und Abu Bakr, die Schiiten mit Fatima und Ali Talib. Demzufolge berufen sich die einen auf das *Kalifat*, das vom ersten Kalifen Abu Bakr über die Kalifen-Dynastien der Umayyaden und Abbasiden bis zu den Osmanen reicht, die anderen auf das *Imamat*, die Abstammungslinie, die vom ersten Imam Ali über dessen Söhne (also: die Enkel Mohammeds) bis zu jenem verborgenen 12. Imam führt, für dessen Wiederkehr Ahmadinedschad so inbrünstig vor der UNO-Vollversammlung betete. Man mag es kaum glauben, aber tatsächlich verursachte der Familienkrach im Hause Mohammed die jahrhundertelangen blutigen Auseinandersetzungen zwischen Sunniten und Schiiten, unter denen vor allem die zahlenmäßig unterlegenen Schiiten zu leiden hatten. Noch heute werden sie in vielen sunnitischen Ländern unterdrückt – nicht zuletzt in Saudi-Arabien, dem Land, in dem die wichtigsten Pilgerstätten des Islam (Mekka und Medina) beheimatet sind und das vielen Muslimen als leuchtendes Vorbild für Recht und Ordnung gilt.

Was das heißt, verrät schon ein kurzer Blick in dieses mustergültige islamische Land: Der sunnitische Islam (in seiner konservativ-salafistischen Ausprägung)[27] ist in Saudi-Arabien Staatsreligion und das islamische »Gottesgesetz«, die Scharia, Grundlage der Rechtsprechung. Dementsprechend werden »Delikte« wie Ehebruch, homosexuelle Beziehungen, der Genuss von Alkohol oder der Abfall vom allein selig machenden sunnitischen Glauben mit öffentlicher Auspeitschung oder dem Tode bestraft. Um die Gewährleistung der strengen Sittlichkeitsregeln zu gewährleisten, schickt die eigens für diesen Zweck eingerichtete »Behörde für die Verbreitung von Tugendhaftigkeit und Verhinderung von Lastern« täglich ihre Religionspolizei auf die Straße, die peinlich genau darauf achtet, dass die Frauen auch züchtig genug gekleidet sind und ihren männlichen Vormündern (Vater, Brüder oder Onkel, später: Ehemann) keine »Schande« bereiten. Wie ernst die Religionspolizisten diese Aufgabe nehmen, zeigte sich beispielhaft im März 2002, als sie in Mekka verzweifelte Schülerinnen mit aller Gewalt daran hinderten, ihre brennende Schule zu verlassen, da sich die Mädchen auf der Flucht vor den Flammen nicht ordnungsgemäß verschleiert hatten.[28]

Suren des Irrsinns

Ob Saudi-Arabien oder Iran: *Was den Wahn ihrer Sittenwächter betrifft, kann man zwischen radikalen Sunniten und radikalen Schiiten kaum unterscheiden.* Das ist auch nicht verwunderlich, speisen sich beide Wahnsysteme doch aus der gleichen trüben Quelle, dem *Koran.* Schon der große persische Arzt und Schriftsteller al-Razi (Rhazes), eine wahre Lichtgestalt in der kurzen Phase der frühen islamischen Aufklärung (9. bis 10. Jahrhundert), begriff das Grundlagenwerk des Islam als »befremdendes Gemenge von absurden und unzusammenhängenden Fabeln«.[29] In der Tat sind die 114 Suren und 6236 Verse des Korans merkwürdig konfus, streckenweise wirken sie wie die Aufzeichnungen eines psychiatrischen Patienten. Die einzelnen Suren, die weder chronologisch noch inhaltlich, sondern nach ihrer Länge angeordnet sind (wahrlich ein originelles Gliederungskonzept!), springen munter von einem Thema zum anderen, nur *eines* bleibt von Vers zu Vers auf ebenso ermüdende wie verstörende Weise gleich: *die an eine schwere Borderline-Störung erinnernde Schwarz-Weiß-Zeichnung von Gut und Böse, Himmel und Hölle, Gläubigen und Ungläubigen, Gott und Teufel, grenzenloser Barmherzigkeit und ewiger Verdammnis.*

Pikanterweise liegen die Urheberrechte für diesen verworrenen Text nach islamischem Glauben *bei Allah selbst,* der »im Himmel« (wo immer der auch sein mag – die frühen Muslime wussten noch nichts vom unendlichen Universum) die Urschrift des Korans beherbergen soll. In seiner grenzenlosen Barmherzigkeit, so heißt es, wollte Allah den Text des Korans seinen irdischen Geschöpfen kundtun. Dazu hätte es natürlich direkte Wege gegeben – Gott hätte als allmächtiges Wesen seine Gebote mit donnernder Stimme weltweit verkünden oder in unauslöschlichen Lettern in die Kaaba ritzen können –, doch aus unerfindlichen Gründen (der muslimische Allah muss einen ähnlich schlechten PR-Berater haben wie der jüdische Jahwe oder die christliche Dreifaltigkeit Gottvater/Sohn/Heiliger Geist) zog er es vor, seinen Engel Gabriel zu entsenden, um eine Kopie des himmlischen Urtextes im Herzen eines 40-jährigen Mannes namens Mohammed anzulegen, der im Jahr 610 eine Art »Midlife-Crisis« durchmachte und sich in die Einöde des Berges Hira zurückgezogen hatte. Gabriel offenbarte sich Mohammed *im Schlaf,* was wohl jeden vernünftigen Menschen stutzig gemacht hätte – nicht jedoch unseren Propheten: Überzeugt davon, der »Gesandte Gottes« zu sein, stieg er vom Berg herab und sammelte erste Anhänger um sich.

In der mekkanischen Frühphase war Mohammeds Führungsanspruch noch recht bescheiden, er verstand sich als »religiöser Warner«, nicht als Begründer einer neuen Religion. Doch nach dem Tod seiner ersten Ehefrau Chadidscha (um 619) verstärken sich offenbar die *psychotischen Schübe*[30]: Das eine Mal berichtet Mohammed, in Begleitung Gabriels mit einer Leiter von der Kaaba in den Himmel aufgestiegen zu sein.

Ein anderes Mal fliegt er mit al-Buraq, einem weißen, pferdeähnlichen Reittier mit Flügeln und menschlichem Gesicht, gen Jerusalem, wo er mit Abraham, Moses und Jesus betet. Selbst dem Allmächtigen darf Mohammed auf seiner Himmelsreise begegnen. Dank der Unterstützung des Moses gelingt es ihm sogar, Allahs ursprüngliches Gebot von 50 Gebeten pro Tag (!) auf läppische fünf Gebete herunterzuhandeln. (Offenbar geht es im Himmel zu wie auf einem *orientalischen Basar* – nicht auszudenken, wenn Mohammed weniger Verhandlungsgeschick gezeigt hätte: Die Muslime kämen heute aus dem Beten gar nicht mehr heraus!)

Kurz nach den einschneidenden Erlebnissen im »Himmel« zieht Mohammed von Mekka nach Medina, wo er innerhalb kürzester Zeit eine schlagkräftige Armee aufbaut. Der Prophet nimmt dabei zunehmend Züge eines fanatischen Gotteskriegers an, der auch vor Massenexekutionen nicht zurückschreckt. Im Jahr 630 ist seine Gefolgschaft groß genug, um Mekka einzunehmen. Als Mohammed 632 stirbt, ist bereits die gesamte Arabische Halbinsel unter islamischer Herrschaft, 120 Jahre später – nach unzähligen Erpressungen, Eroberungskriegen und Abertausenden von Toten (man bezeichnet den Vorgang verniedlichend als »islamische Expansion«) – erstreckt sich das Reich der Muslime von Spanien bis nach Indien.

Das religiotische Syndrom

Brechen wir an dieser Stelle die Untersuchung ab: Wir haben uns im Schnelldurchlauf drei der unzähligen religiösen Heilsgeschichten angeschaut, die sich *Homo demens* im Laufe der Jahrhunderte eingebildet hat. Dabei ist – wie ich hoffe – deutlich geworden, *dass keine dieser Geschichten auch nur annähernd einer kritischen Überprüfung standhält.* Tatsächlich zeichnen sich die grundlegenden Mythen des Judentums, des Christentums, des Islam (auf die ganz besonderen Verrücktheiten des Hinduismus oder des tibetischen Buddhismus will ich hier gar nicht erst eingehen) durch eine *geradezu mitleider-*

regende Dämlichkeit aus. Trotzdem – und allein dies zeigt schon, wie verkehrt es ist, in Bezug auf unsere Spezies von *Homo sapiens* zu sprechen – nehmen noch immer Milliarden von Menschen diese Unsinnserzählungen für bare Münze. Und das hat natürlich Konsequenzen: Um sich die Folgen dieses Wahns vor Augen zu führen, genügt es, wenn man aus der Fülle der Meldungen, die Tag für Tag über die Nachrichtenticker laufen, einige symptomatische Fälle herausgreift …

Meldung 1: Ultraorthodoxe Juden bewerfen Touristen in Jerusalem mit Steinen, weil diese zur falschen Zeit ihre Handys benutzen. (Das Motiv für diesen vergleichsweise harmlosen Vorgang ist klar: Fromme Juden glauben, dass elektrischer Strom eine Art »Feuer« sei – und Feuermachen ist nach den eingebildeten Geboten ihres eingebildeten Gottes am Sabbat untersagt.)

Meldung 2: Die katholische Kirche bildet Jahr für Jahr neue Teufelsaustreiber aus, um der »dämonischen Gefahr« entgegenzuwirken. (Mitunter reichen dazu offenbar auch Überreste eines prominenten »Seligen« aus – jetzt, da ich dies schreibe, wird das Blut des verstorbenen Papstes Johannes Paul II. durch mexikanische Bistümer gereicht mit dem offiziellen Auftrag, den dortigen Drogenkrieg zu beenden. Kein Witz, so meldete es Radio Vatikan.[31] Wie soll man so etwas noch kommentieren? Vielleicht mit den Worten Karlheinz Deschners: »Je größer der Dachschaden, desto schöner der Aufblick zum Himmel.«)

Meldung 3: Evangelikale Christen in Kenia und Nigeria verstoßen, foltern, töten ihre eigenen Kinder, weil sie sie für »Hexen« halten. (Eine der schlimmsten *Homo-demens*-Erscheinungen unserer Zeit: Auf dem afrikanischen Kontinent findet seit gut einem Jahrzehnt – angeheizt von westlichen Predigern und getreu der biblischen Forderung »Eine Hexe sollst du nicht am Leben lassen!« – eine neue Hexenverfolgung statt, der bereits Zehntausende Kinder zum Opfer gefallen sind.)

Meldung 4: Palästinensische Frauen berichten voller Stolz, dass sie ihre Söhne schon im Kleinkindalter auf ein ruhmreiches Ableben als Sprengstoffattentäter vorbereiten. (Glauben

Sie nicht, dass diese jungen Frauen ihre Kinder nicht lieben würden. Das Gegenteil ist der Fall: Sie wollen, wie alle guten Mütter, »nur das Beste für ihr Kind« – und etwas Besseres als Allahs Belohnung für einen Märtyrertod können sie sich einfach nicht vorstellen.)

In den Medien wird dieser alltägliche Glaubenswahn mit dem Begriff »Religion« umschrieben. Doch ist es gerechtfertigt, die *Meisterleistungen*, die im religiösen Kontext erfolgt sind (denken Sie nur an die wunderbaren Schöpfungen auf dem Gebiet der Musik, der Bildenden Kunst, der Architektur), mit dem *unerträglichen Stuss* in einen Topf zu werfen, der heute milliardenfach die Hirne vernebelt? Sollen wir wirklich die *großen Mystiker der Weltreligionen* (Zen-Buddhisten, Advaita-Hinduisten, islamische Sufis, christliche Mystiker wie Meister Eckhart usw.) mit jenen *debilen Spinnern* gleichsetzen, die auf der Basis veralteter Texte über unsere Gegenwart und Zukunft bestimmen wollen? Nein! Wir sollten lernen, zwischen der *mystischen Verschmelzung mit dem Weltganzen*[32] und dem durch spinnerte Dogmen hervorgerufenen *Durchbrennen aller Sicherungen im Oberstübchen* zu unterscheiden. *Religiöse Gefühle* sind – so fair sollte man sein – nicht notwendigerweise gleichbedeutend mit *religiöser Idiotie*, auch wenn das eine mit dem anderen häufig einhergeht.

Der Begriff »religiöse Idiotie« (kurz: »Religiotie«) mag verletzend klingen, beschreibt jedoch treffender als jeder Alternativbegriff eines der zentralen Probleme unserer Zeit: Solange nämlich Religioten das Sagen auf unserem Planeten haben – und das haben sie leider, Mensch sei's geklagt, in vielen Teilen der Welt –, sind alle Versuche, das Zusammenleben der Menschen vernünftiger, freier, gerechter zu gestalten, notwendigerweise zum Scheitern verurteilt. (Denken Sie nur an die muslimischen Extremisten in Somalia, die 2011 die dringend benötigte internationale Hilfe für die hungernde Bevölkerung nicht zuließen.) Versuchen wir also angesichts der Bedeutung dieses Phänomens eine kurze Definition des *religiotischen Syndroms*: *Religiotie* ist eine selten diagnostizierte (wenn auch häufig auftretende) Form der *geistigen Behinderung, die durch intensive Glaubensindoktrination vornehmlich im Kindesalter ausgelöst wird.* Sie führt zu deutlich unterdurchschnittlichen kognitiven Leistungen sowie zu unangemessenen emotionalen Reaktionen, sobald es um glaubensrelevante Sachverhalte geht.[33] Bemerkenswert ist, dass sich Religiotie nicht notwendigerweise in einem generell reduzierten IQ niederschlägt: Religioten sind zwar weltanschaulich zu stark behindert, um die offensichtlichen Absurditäten ihres Glaubens zu erkennen, auf technischem oder strategischem Gebiet können sie jedoch (siehe Osama bin Laden) hochintelligent sein. Wie es »Inselbegabungen« gibt (geistig behinderte oder autistische Menschen mit überwältigenden mathematischen oder künstlerischen Fähigkeiten), so gibt es offensichtlich auch »Inselverarmungen« (normal oder gar hochintelligente Menschen, die in weltanschaulicher Hinsicht völlig debil sind). Religiotie sollte daher als »partielle Entwicklungsstörung« verstanden werden – ein Begriff, den der Entwicklungspsychologe Franz Buggle schon vor Jahren vorgeschlagen hat, um die spezifischen Denkhemmungen religiöser Fundamentalisten zu erfassen.[34]

In Westeuropa tun wir uns schwer damit, die globalen Dimensionen der Religiotie richtig einzuschätzen. Denn die allermeisten Gläubigen, denen wir in unseren Breitengraden begegnen, nehmen ihre Religion längst nicht mehr tödlich ernst. *Viele von ihnen sprechen allenfalls noch einen »religiösen Dialekt«, der einigermaßen fromm klingt, es aber längst nicht mehr so meint.*[35] Tatsächlich wissen die meisten europäischen »Christen« nicht einmal, was sie von Amts wegen eigentlich glauben müssten: Die »Auferstehung der Toten« kennen viele nur noch aus Zombie-Filmen – und das »Jüngste Gericht« halten sie womöglich für die neueste Rezeptidee von Fernsehkoch Johann Lafer.

Die Transformation des einst brutal wütenden europäischen Christentums in eine harmlose Pseudoreligion mit folkloristischem Charakter ist zweifellos eine erfreuliche Entwicklung.

Allerdings sollten wir uns davor hüten, von dem seichten »religiösen Musikantenstadl« in Europa auf die Verhältnisse weltweit zu schließen. Was *wahre Religiotie* bedeutet, das zeigt sich nicht nur in Saudi-Arabien, Iran, Nigeria oder Somalia, sondern schon in den USA: Wenn US-amerikanische Evangelikale von »Auferstehung«, »Schöpfung«, »Himmel«, »Hölle«, »Gott« und »Teufel« sprechen, dann sind das für sie *keine unverbindlichen Metaphern – nein, diese Leute meinen wirklich, was sie sagen!* Sie glauben tatsächlich, dass Gott die Welt erschuf, als die Babylonier bereits das erste Bier brauten. Millionen US-Bürger sind sogar überzeugt, in jener biblischen »Endzeit« zu leben, in der (laut Johannesoffenbarung) die finale Schlacht zwischen Gut und Böse, Gott und Teufel ausgetragen wird.

Da in den letzten Jahrzehnten die Zahl der apokalyptischen Spinner in allen Religionen zugenommen hat und ihnen mittlerweile technische Möglichkeiten zur Verfügung stehen, von denen Gotteskrieger früherer Zeiten nicht einmal zu träumen wagten, ist es heute eine der *großen Schicksalsfragen der Menschheit, ob es gelingen wird, den Einfluss der Religioten einzudämmen.* (Gänzlich aufheben wird man ihn wohl nie.) Allerdings ist die Religiotie selbstverständlich nicht das einzige schwerwiegende Problem, das wir lösen müssten, um den Weg in eine bessere Zukunft zu beschreiten. Denn die religiotischen Hirnwürmer haben längst schon Konkurrenz von profaner Seite bekommen:

Die Menschen brauchen keine Götter mehr, um sich das Leben zur Hölle zu machen! Die neuen Wahnsysteme des *Homo demens* kommen auch ohne Frömmelei aus und wirken dabei nicht weniger tödlich. Verlassen wir also die wundersame Welt der Religioten und tauchen ein in den *ganz normalen Wahn der internationalen Finanz-Deppokratie …*

SCHWARMDUMMHEIT
Wie Ökonomioten die Welt zugrunde richten

Vielleicht kennen Sie den alten Witz: Treffen sich zwei Planeten im Universum. »Mann, geht's mir schlecht!«, keucht der eine. »Ich fürchte, ich hab *Homo sapiens!*« »Oh, das ist übel!«, sagt der andere. »*Homo sapiens* hatte ich auch mal. Aber keine Sorge: Das geht schnell vorüber!« – An diesem Witz stimmt fast alles, nur die Krankheitsdiagnose ist nicht ganz korrekt: Denn der schwächelnde Planet leidet nicht unter *Homo sapiens*, sondern unter *Homo demens* – und das ist ein gewaltiger Unterschied: Sieben Milliarden *weise Menschen* könnte ein Planet wie die Erde problemlos verkraften – nicht aber sieben Milliarden *Idioten!*

Wie rasant das Wachstum der Weltbevölkerung in den letzten Jahrzehnten war, lässt sich anhand weniger Zahlen illustrieren: Vor 2000 Jahren lebten etwa 300 Millionen Menschen auf der Erde, eineinhalb Jahrtausende später, im Jahr 1500, waren es 500 Millionen, um 1800 rund eine Milliarde. Im 20. Jahrhundert ging es dann – trotz der verheerenden Weltkriege – richtig zur Sache: 1927 bevölkerten bereits zwei Milliarden Menschen die Erde, 1960 waren es schon drei Milliarden, 1974 vier Milliarden, 1987 fünf Milliarden, 1999 sechs Milliarden. Mittlerweile haben wir die Sieben-Milliarden-Grenze durchbrochen, die Acht-Milliarden-Marke wird wohl 2025 fallen.

Es ist eine Binsenweisheit, dass größere Menschenmassen größere Probleme erzeugen. Dennoch: Der eigentliche Grund für die globale Misere liegt nicht in der *gestiegenen Biomasse* des Menschen, sondern in der zu *wenig genutzten Hirnmasse*: *Wir sind schlichtweg zu doof, um so viele zu sein!* Jede ökologische Nische verträgt nur ein gewisses Maß an Blödheit – und der Mensch überspannt den Bogen in dieser Hinsicht gewaltig.

Angesichts der Katastrophen, die wir bereits ausgelöst haben, muss man sich wirklich fragen, wer die intelligentere Lebensform ist: Mensch oder Ameise? Immerhin übersteigt die Biomasse der Ameisen die des Menschen um ein Vielfaches. (Sie stellen nicht nur viel, viel mehr Individuen, sondern bringen insgesamt auch ein größeres Gewicht auf die Waage.) Und obwohl die vielen Trillionen Ameisen Tag für Tag wie die Weltmeister produzieren und konsumieren, gibt es bei ihnen weder ein Überbevölkerungs- noch ein Müllproblem. Allem Anschein nach verstehen *sie* es, intelligenter zu wirtschaften als wir. Aber warum ist das so? Wo liegen die Gründe für die augenscheinliche ökologische und ökonomische *Weisheit der Ameisen* und die nicht minder offenkundige *Blödheit der Menschen*? Sind wir als Einzelwesen nicht unendlich viel klüger als sie?

Natürlich sind wir das! Als *Individuen* sind wir den Ameisen kolossal überlegen, auf der Ebene des *Kollektivs* haben wir trotzdem das Nachsehen: Denn Ameisen zeichnen sich durch *Schwarmintelligenz* aus, Menschen durch *Schwarmdummheit*. Es ist exakt das umgekehrte Phänomen: Während sich aus der *individuellen Beschränktheit* der Ameisen eine *kollektive Intelligenz* ergibt, resultiert aus der *individuellen Intelligenz* der Menschen eine *kollektive Beschränktheit*: *Erst gemeinsam sind wir richtig doof!* Denn das ist unsere Spezialität: Wir haben ein System geschaffen, das die Rationalität des Einzelnen mit tödlicher Präzision zur Grundlage eines kollektiven Irrsinns macht, das uns Entscheidungen treffen lässt, die innerhalb des Systems als »klug«, ja sogar »vernünftig« erscheinen, obwohl sie in Wahrheit von atemberaubender Dummheit sind.

Dafür gibt es kaum ein besseres Beispiel als unsere heutige *Wegwerfgesellschaft*, die einerseits völlig irrsinnige Konsequenzen hat, andererseits jedoch sehr wohl auf rationalen Wirtschaftsstrategien beruht, etwa der sogenannten geplanten Obsoleszenz. Womöglich haben Sie dieses Wort noch nie gehört[36], die damit verbundenen Phänomene dürften Ihnen aber wohlvertraut sein. Sie kennen das sicherlich: Kaum ist die Garantiezeit Ihres Handys, Toasters, Druckers oder Kühlschranks abgelaufen, gibt das verdammte Ding auch schon den Geist auf! Hinter diesem bemerkenswerten Vorgang verbirgt sich nicht nur der berühmte »Zahn der Zeit«, der bekanntlich an allem und jedem nagt, sondern eben auch »geplante Obsoleszenz«. Das Adjektiv »obsolet«, das in diesem sperrigen Begriff enthalten ist, bedeutet »hinfällig«, »veraltet«, »nicht mehr gebräuchlich« – und genau darum geht es: Viele Produkte werden ganz bewusst so konzipiert, dass sie genau zum richtigen Zeitpunkt (weder zu früh noch zu spät) »hinfällig« sind. Infolgedessen kann der fröhliche Konsument die Wirtschaft ankurbeln, indem er neue Produkte erwirbt.

Wo kämen wir auch hin, wenn die Produkte ewig hielten? Die Absatzmärkte würden einbrechen, unser Profite, unsere Arbeitsplätze, unser Renten wären in Gefahr! So etwas Verrücktes wie Kühlschränke mit einer garantierten Lebensdauer von 25 Jahren konnte nur die DDR hervorbringen – kein Wunder, dass sie unterging. Wie man es richtig macht, zeigten die großen Elektrokonzerne schon vor Jahrzehnten, als sie die Lebensdauer ihrer Glühbirnen systematisch von 2500 auf 1000 Stunden herunterstuften. Denn das Motto des globalen Marktes lautet: »Lang lebe die Kurzlebigkeit!« Insofern war es nur konsequent, dass die Designer von DuPont, als sie in den 1950er-Jahren eine »unkaputtbare« Nylonstrumpfhose erfanden, postwendend zurück ans Zeichenbrett geschickt wurden, um eine weniger strapazierfähige Variante zu entwickeln. *Allzu haltbare Waren*, das weiß jeder Betriebswirt, *sind eine Tragödie fürs Geschäft.*

In unserer schönen neuen Warenwelt hat jedes Produkt eine im Vorhinein festgelegte Lebensdauer – und damit diese nicht unangemessen überschritten wird, lassen sich die Hersteller einiges einfallen: In erster Linie zählt hierzu das Schaffen kurzlebiger Modetrends, die die Produkte der vergangenen Saison als hoffnungslos veraltet wirken lassen, sodass der Konsument freiwillig zu neuen Produkten greift. Mitunter aber sind die

Kunden uneinsichtig und müssen zu ihrem Glück gezwungen werden. Daher bauen einige Hersteller in ihre elektrischen Apparaturen spezielle Chips ein, die dem Gerät die freundliche Anweisung geben, nach einer gewissen Betriebsdauer die Arbeit einzustellen.[37] Noch beliebter ist der »kalkulierte Verschleiß«, also das Verwenden von Materialien, die das Produkt nach einer gewissen Zeit unbrauchbar machen oder es in seiner Optik so »abgegriffen« erscheinen lassen, dass der Kunde es sich dreimal überlegt, ob er nicht doch das teure, dafür aber prestigeträchtige Neuprodukt erwerben sollte.

Aus betriebswirtschaftlicher Sicht ist die Strategie der geplanten Obsoleszenz zweifellos clever – sehr clever sogar, denn sie garantiert den Erfolg des Unternehmens durch massenhaften Absatz seiner Produkte. Auch aus volkwirtschaftlicher Sicht scheint Obsoleszenz Sinn zu machen, denn nur wenn wir allesamt wie die Irrsinnigen konsumieren, erhalten wir zur Belohnung jenes sehnsüchtig erwartete *wirtschaftliche Wachstum*, für das westliche Politiker ebenso inbrünstig beten wie fromme Katholiken für die Vergebung ihrer Sünden. Global gesehen ist geplante Obsoleszenz unter den gegebenen Produktionsbedingungen jedoch an Hirnrissigkeit kaum zu überbieten, sie ist geradezu ein *Musterbeispiel für unsere fehlende Schwarmintelligenz beziehungsweise ausgeprägte Schwarmdummheit*: Kein Mensch käme alleine auf den Gedanken, unter Einsatz seines Lebens wertvolle Ressourcen zu erobern, um sie dann innerhalb kürzester Zeit in wertlose Müllberge zu verwandeln. *Nur in der Masse sind wir blöd genug, um ein solches Verhalten an den Tag zu legen.*

Schädling oder Nützling Mensch?

Fakt ist, dass aufgrund der immer kürzer werdenden Produktlebenszeiten immer größere Mengen Abfall entstehen. Allein Deutschland bringt es mittlerweile auf über eine Million Tonnen Elektroschrott pro Jahr – und Länder wie die USA, wo jährlich mehr als 300 Millionen Computer »entsorgt« werden, treiben es noch toller. Dass es keine Lösung sein kann, unsere giftigen Industrieabfälle – wie bisher – in die Elendsquartiere der Welt zu verschiffen (zynischerweise wird dieser Gifttransport mitunter sogar als »Entwicklungshilfe« ausgewiesen), sollte eigentlich einleuchten. Doch ändern wir deshalb unser Verhalten? Mitnichten! Obwohl die Müllberge ebenso dramatisch anwachsen, wie die Ressourcen schwinden, wollen wir es nicht wahrhaben, dass sich das Paradigma der Kurzlebigkeit längst überlebt hat. Ganze Heerscharen von Wirtschaftsfachleuten halten es noch immer für ein Zeichen besonderer Intelligenz, Produkte so unintelligent zu designen, dass sie möglichst bald durch neue Produkte ersetzt werden müssen. Und damit bleibt letztlich alles beim Alten: Mit allergrößtem Aufwand produzieren wir Müllberg für Müllberg und schaffen so die idealen Bedingungen für unseren kollektiven Untergang, als könnten wir es einfach nicht erwarten.

Daran hat auch die in den letzten Jahrzehnten aufkeimende Umweltbewegung wenig geändert. Zwar gab es Erfolge in einzelnen Teilbereichen (so wurden 2001 einige besonders giftige und krebsauslösende Stoffe wie PCB oder DDT verboten), insgesamt jedoch konnte die Ökowelle dem allgegenwärtigen Wahn kaum mehr als einen »grünen Anstrich« verpassen. Fragen Sie sich selbst: Ist es wirklich *ökologisch* oder nicht viel eher *ökologiotisch* (also Ausdruck *ökologischer Idiotie*), wenn man einerseits den Benzinverbrauch pro Automobil halbiert, andererseits jedoch die Zahl der Fahrzeuge verdreifacht? Ist es sinnvoll, dem Imperativ des Ökologismus zu folgen, der sich darin erschöpft, die Mengen an giftigen Schadstoffen zu *reduzieren* und die Verwandlung von unwiederbringlichen Ressourcen in unproduktiven Müll *einzuschränken*? Führt das nicht bestenfalls zu einem *etwas späteren Zusammenbruch der Systeme*, schlimmstenfalls sogar zu einer *Beschleunigung der Zerstörung*, da man die als »Öko« oder »Bio« vermarkteten Produkte ja nun ohne »schlechtes Gewissen« konsumieren darf?

Unter dem Diktat des Ökologismus ist es zu unser aller Ziel geworden, »etwas weniger schädlich für die Umwelt« zu sein.

Das klingt wunderbar *ökologisch*, ist aber bei genauerer Betrachtung *ökologiotisch*, denn: *Weniger schlecht ist noch lange nicht gut!* Genau an diesem Punkt zeigt sich der Irrsinn der gegenwärtigen Ökowelle: Sie konditioniert uns darauf, unser Heil darin zu sehen, den *negativen ökologischen Fußabdruck* von *Homo demens* zu *reduzieren*, statt mit gleicher Intensität den *positiven ökologischen Fußabdruck* von *Homo sapiens* zu *verstärken*. Unsere Aufmerksamkeit ist so fokussiert auf den *Schädling Mensch*, dass wir den *Nützling Mensch* ganz aus den Augen verlieren. Doch warum sollten wir notwendigerweise *so viel blöder sein als alle anderen Spezies?* Warum sollte uns Menschen nicht das Gleiche gelingen, was Ameisen schon seit Jahrmillionen in vorbildlicher Weise praktizieren? Könnten nicht auch wir Produktion und Konsumtion so intelligent gestalten, dass sie nicht bloß *unschädlich*, sondern sogar *nützlich* für die Biosphäre sind?

Dass dies möglich ist, haben Michael Braungart und William McDonough in ihrem ausgezeichneten Buch »Einfach intelligent produzieren« dargelegt.[38] Sie dokumentieren nicht nur eindringlich, warum wir uns von der bisherigen Produktionsform, die von der *Wiege* der Rohstoffgewinnung zur *Bahre* der Sondermülldeponien führt, schnellstens verabschieden sollten, sondern zeigen mit ihrem *Cradle to Cradle*-Prinzip (übersetzt: *von der Wiege zur Wiege*) auf, wie es anders gehen könnte: In einer *echten Kreislaufwirtschaft* müssten biologische und technologische Nährstoffe konsequent voneinander getrennt werden. Statt auf Nimmerwiedersehen verloren zu gehen, würden sie dem Produktions- und Konsumtionsprozess erhalten bleiben, was verlangt, dass schon bei der Planung und Herstellung eines Produkts seine spätere Wiederverwertung einkalkuliert wird. Abfälle im Sinne wertlosen Mülls gibt es in einem solchen Kreislaufsystem gar nicht mehr, da jeder Abfall zugleich Nahrung für den nächsten Stoffwechselprozess ist – so wie es uns die Natur seit Jahrmillionen vormacht.

Das Bemerkenswerte an *Cradle to Cradle* ist, dass das Konzept nicht nur *konsequent ökologisch*, sondern auch *konsequent humanistisch* ist. Der Mensch erscheint hier nicht von vornherein als *Belastung für den Planeten*, sondern als *potenzielle Bereicherung*. Das ist ein gewaltiger Unterschied zu den traditionellen Ansätzen, die meist im ökologischen Büßergewand daherkommen, die Litanei unserer tiefen Schuld predigen und Sühne für die schwere Versündigung des Menschen an »Gottes heiler Schöpfung« einklagen.[39] Dieser Unterschied in der Grundkonzeption hat weitreichende praktische Konsequenzen: Anders als die traditionellen Ansätze fordert *Cradle to Cradle* nicht zu Reduktion, zu Verzicht und Nullwachstum auf (der traurigen Dreifaltigkeit des frommen Ökologismus), sondern zu *mehr Kreativität, mehr Schönheit und einer intelligenten Erweiterung unserer technischen Möglichkeiten*. Leitbild von C2C (wie das Konzept abgekürzt wird) ist nicht die *kahle, asketische Mönchsstube*, sondern der *blühende Kirschbaum*, der seine Ressourcen Jahr für Jahr auf so wunderbar effektive Weise verschwendet, dass nicht nur er, sondern auch sein Umfeld nachhaltig davon profitieren.

Mittlerweile haben Braungart und McDonough zusammen mit internationalen Partnern bewiesen, dass das *Cradle to Cradle*-Konzept aufgeht. Sie haben Fabriken errichtet, aus denen das Wasser sauberer heraus- als hineinfließt, Häuser gebaut, die mehr Energie erzeugen, als sie verbrauchen, Bildschirme entworfen, die komplett recycelt werden können, Textilien hergestellt, die man nicht nur bedenkenlos anziehen kann (normalerweise tragen wir Sondermüll auf der Haut), sondern die später sogar als Kompost im Garten dienen können. Die Erfahrungen der letzten Jahre haben gezeigt, dass die C2C-Revolution, die unseren Stoffwechsel mit der Natur grundlegend ändern würde, sehr wohl machbar wäre. Renommierte Firmen haben bereits erfolgreich mit dem Konzept gearbeitet[40] – und ohne Zweifel wären schon jetzt viele, viele Unternehmen mehr an Bord, wenn (ja: wenn!) es stärkere ökonomische Anreize für die Betriebe gäbe, aus dem absurden System der Ökologiotie auszusteigen.

Doch genau hier liegt das Problem: *Ökologische Blödheit*   51

(Ökologiotie) und ökonomischer Schwachsinn (Ökonomiotie) sind einander verstärkende Prozesse. Die schreckliche Wahrheit ist, dass nicht nur viele Güter, die wir täglich produzieren und konsumieren, unintelligent designt sind, sondern *dass unser gesamtes Wirtschaftssystem auf unintelligentem Design beruht!* Als würde es nicht genügen, dass wir dumme Produkte erschaffen, versagen wir auch noch bei der Aufgabe, den Austausch dieser Produkte vernünftig zu organisieren. Zwar ergibt minus mal minus mathematisch ein Plus – aber das fette Plus, das aus der *doofen Verteilung doofer Produkte* resultiert, landet wie durch Zauberhand auf den Konten einiger weniger, während der überwiegende Teil der Menschheit blöde aus der toxisch belasteten Wäsche schaut.

Ökonomische Schwarmdummheit

Eigentlich sollte eine funktionierende Wirtschaft den reibungslosen Austausch von Gütern und Dienstleistungen garantieren. Theoretisch dürften wir sogar erwarten, dass aufgrund der stetig nachwachsenden Reichtümer der Natur und der enorm gestiegenen Produktivität des Menschen jedes einzelnes Individuum auf diesem Planeten ein mehr oder weniger sorgenfreies Leben führen könnte. Doch, wie wir alle wissen, sieht die Realität deutlich anders aus: Viele Menschen genießen heute zwar einen Luxus, vor dem selbst die mächtigsten Kaiser, Könige und Päpste der Vergangenheit vor Neid erblassen würden, gleichzeitig aber sterben Tag für Tag 30 000 Kinder unter fünf Jahren an den Folgen von Unterernährung, fehlender Hygiene und mangelhafter medizinischer Versorgung. Während wir die Sektkorken knallen lassen, haben eine Milliarde Menschen nicht einmal Zugang zu sauberem Trinkwasser. Während wir ins Fitnesscenter gehen, um überschüssige Kalorien abzutrainieren, sind 700 Millionen Menschen vom Hungertod bedroht. Es ist das große Paradoxon unserer Zeit: *Nie war die Menschheit reicher, nie war sie ärmer als heute.* Nie zuvor gab es solch grandiosen Wohlstand und zugleich so fürchterliches Elend.

Manche sehen hierin ein Problem der Moral. Sie meinen, dass wir, die Menschen der reichen Industrienationen, einfach zu raffgierig seien und den Ärmsten der Armen vorsätzlich noch die letzten Brotkrümel vom Teller stehlen würden. Doch ist das wirklich wahr? Sind wir wirklich so hartherzig, dass uns das Leid der anderen nicht berührt? Streben wir tatsächlich danach, unser Glück auf dem Unglück der Allerärmsten zu gründen? Nein! Die meisten von uns sind sich absolut im Klaren darüber, dass es so wie bisher nicht weitergehen darf. Die große Mehrheit der Menschen in den Industrienationen wünscht sich *eine andere, eine gerechtere Welt*, in der jeder Einzelne sorgenfrei leben kann.

Es liegt eben nicht am *fehlenden Weltethos*, sondern an *fehlender Intelligenz*, dass die Dinge noch immer so sind, wie sie sind. Die ernüchternde Wahrheit ist: *Wir sind nicht zu böse, sondern zu blöde, um eine gerechtere Welt zu schaffen!* Und das ist die eigentliche Tragik unserer Situation: Niemand will es, jeder beklagt es – und doch passiert es: Die Schere zwischen Arm und Reich geht immer weiter auf – und zwar nicht nur im globalen Maßstab, sondern auch innerhalb der reichen Nationen.

Nach den Lehren der klassischen Ökonomie hätte es dazu eigentlich gar nicht kommen dürfen. Die von Adam Smith beschriebene »unsichtbare Hand des Marktes« hätte den Eigennutz der Individuen so steuern müssen, dass sie im Laufe der Zeit den Wohlstand aller garantiert. Doch es kam anders: *Während die unsichtbare Hand des Marktes die einen streichelte, erdrosselte sie die anderen.* Man könnte den Einsatz eines »unsichtbaren Killers«, der Millionen von Opfern produziert und auf keinem Fahndungsfoto der Welt erscheint, als »perfektes Verbrechen« bezeichnen – allerdings nur, wenn das Ganze bewusst geplant worden wäre. Aber eben das war nicht der Fall. Ebenso wenig wie es ein *intelligentes Design in der Natur* gibt (die biologische Evolution ist so voller Pleiten, Pech und Pannen, dass sich die Annahme eines intelligenten Planers von selbst verbietet), lässt sich in unserer Wirtschaftsweise irgendeine Form von *höherer Intelligenz* erkennen. Im Gegenteil: *Es gibt kaum ein Gebiet, auf dem sich menschliche Schwarmdoofheit so offenkundig manifestiert wie auf dem Gebiet der Ökonomie.*

Finde den nächstgrößeren Deppen!

Denken Sie nur an die Turbulenzen auf den internationalen Finanzmärkten: Jetzt, da ich dies schreibe, ist der Euro aufgrund der kolossalen Staatsschulden in Griechenland, aber auch in vielen anderen europäischen Ländern, massiv unter Druck. Obgleich die Regierungen immer größere, in ihren Ausmaßen kaum noch vorstellbare »Rettungsschirme« beschließen, spekulieren gewiefte Hedgefonds-Manager weiterhin erfolgreich gegen die angeschlagene europäische Währung. Natürlich werden sie dafür in den Medien und in der Politik zu den großen Buhmännern unserer Zeit stilisiert. Was dabei jedoch übersehen wird: *Das Kapital, mit dem die Manager gegen den Euro wetten, stammt nicht unwesentlich aus der Eurozone selbst!* So haben deutsche Pensionskassen, um die Altersvorsorge ihrer Mitglieder zu sichern, ihr Kapital gerade auch in jenen lukrativen Hedgefonds angelegt, die auf Währungsspekulationen spezialisiert sind.[41] Folglich wird nun *mit* europäischen Ersparnissen *gegen* europäische Ersparnisse gewettet. Ein Schildbürgerstreich ersten Ranges, bei dem Sie sich aussuchen dürfen, was Ihnen lieber ist: Wenn der Niedergang des Euros gestoppt werden kann, fällt Ihre private Altersrente; misslingt das Vorhaben, steigt Ihre Rente, aber der Euro ist kaum noch etwas wert.

Verrücktheiten dieser Art sind im Finanzgeschäft an der Tagesordnung, genauer: *Sie sind für dieses Geschäft konstitutiv.* Der 1999 verstorbene Börsenguru André Kostolany behauptete, schon an seinem ersten Tag an der Pariser Börse das Grundrezept seines späteren Erfolgs erlernt zu haben, nämlich dass die Kursentwicklung allein davon abhängt, »ob es mehr Papiere als Dummköpfe oder mehr Dummköpfe als Papiere gibt«.[42] In der Tat funktionieren die Finanzmärkte nach der Logik von

Kettenbriefen, deren grundlegende Spielregel ebenso einfach wie schwachsinnig ist: *Finde den nächstgrößeren Deppen!* Erfolgreich ist, wem es gelingt, einen Idioten zu finden, der noch mehr für ein Papier bietet, das man selbst schon über Wert erworben hat. Noch erfolgreicher freilich ist derjenige, der nicht nur den nächstgrößeren Deppen findet, sondern auch noch zum richtigen Zeitpunkt darauf wettet, dass das miese »Finanzprodukt«, das man ihm verkauft hat, seinen Wert verliert.[43] In der realen Wirtschaft würde eine solche Geschäftsidee niemals aufgehen, aber von ihr hat sich das virtuelle Kettenbriefspiel der Finanzmärkte längst entkoppelt.

Wie sehr die Real- und Finanzmärkte auseinanderdriften, zeigt eine Gegenüberstellung der jeweiligen Volumen: So lag der Gesamtwert aller weltweit produzierten Güter und Dienstleistungen 2010 bei *63 Billionen Dollar*, das Volumen der Finanzderivate (der aus diesen Gütern und Dienstleistungen auf höchst undurchsichtige Weise abgeleiteten Spekulationen auf künftige Werte) jedoch schon bei sage und schreibe *601 Billionen Dollar*, das Volumen der Devisengeschäfte (der Handel mit Währungen) sogar bei *955 Billionen Dollar.*[44] Angesichts dieses Missverhältnisses muss man sich nicht darüber wundern, dass Investitionen in die Produktion realer Güter und Dienstleistungen zunehmend unterbleiben. (In den 1970er-Jahren wurden in Deutschland noch 15 Prozent des Bruttoinlandsprodukts in die Erweiterung oder Verbesserung der Produktionskapazitäten investiert, in den 1990ern waren es noch 10 Prozent, 2010 lag der Anteil der Nettoanlageinvestitionen bei jämmerlichen 2,9 Prozent.[45]) Warum auch sollten Kapitalbesitzer in neue Techniken und Produkte investieren, warum sollten Banken das mühsame Alltagsgeschäft der Kreditvergabe an Unternehmer betreiben, wenn das Roulettespiel im virtuellen Finanzcasino weit höhere Gewinne abwirft? Aus der Binnenlogik des Finanzsystems heraus ist diese Anlagestrategie völlig rational, objektiv betrachtet handelt es sich jedoch um den *größten ökonomischen Schwachsinn aller Zeiten!*

Denn wofür stehen die Gewinne und Verluste auf den

Finanzmärkten, wenn sie einzig und allein um sich selbst kreisen? Welche realen Werte sollen die exorbitant gestiegenen Vermögen und Schulden noch repräsentieren? Fragen Sie sich selbst: Gibt es etwas Hirnrissigeres als die Vorstellung, man könne *realen Wohlstand* dadurch erzeugen, *dass man fiktives Kapital in fiktives Kapital investiert statt in reale Güter und Dienstleistungen?* Muss man wirklich in Erinnerung rufen, dass der Werbespruch der Banken »Lassen Sie Ihr Geld arbeiten!« Blödsinn ist? *Natürlich arbeitet Geld niemals, es sind immer reale Menschen, die für Geld arbeiten, indem sie Güter und Dienstleistungen bereitstellen!* Und genau in diesem Punkt beißt sich die auf »virtuelle Mäuse« spezialisierte Finanzkatze in den eigenen Schwanz: Denn für welches Geld, bitte schön, sollen die Menschen noch arbeiten, wenn ein Großteil des Kapitals in spekulative Finanzprodukte fließt statt in reale Güter und Dienstleistungen?!

Wie jedes Kettenbriefsystem wird auch der Casinokapitalismus in sich zusammenfallen, wenn die *Diskrepanz zwischen Fiktion und Realität* zu groß ist, als dass man sich noch darüber hinweglügen könnte. Es sieht so aus, als würden wir uns diesem Punkt allmählich annähern. Immer mehr Menschen erkennen, dass die ins Unermessliche gestiegenen Geldvermögen ebenso irrationale Größen sind wie die im gleichen Maße gestiegenen Schulden, auf denen sie gründen. Wahrscheinlich wird den allermeisten auch erst jetzt, im Moment der Krise, der unaufhebbare Zusammenhang von Vermögen und Schulden bewusst, der da lautet: *Ohne Geldschulden kein Geldvermögen!*[46]

Fakt ist: Für jeden Euro, den Sie ansparen, muss irgendjemand einen Euro ausgeben, der ihm nicht gehört. *Steigen Ihre Ersparnisse, was allein schon über den Zinseszinsmechanismus garantiert ist, so müssen auf der anderen Seite auch die Schulden steigen.* Dieses Spiel kann logischerweise nur so lange funktionieren, wie es den Schuldnern gelingt, den Eindruck zu erwecken, dass sie die verzinsten Schulden zurückzahlen können. Dies jedoch wird mit der Zeit immer schwieriger und irgendwann, wenn Schulden und Vermögen astronomische Höhen erklimmen, völlig unrealistisch. In diesem Moment der Wahrheit wird das Idiotenspiel der *Homo-demens*-Ökonomie offensichtlich, dann nämlich zeigt sich, dass *Schulden*, die niemand mehr bedienen kann, notwendigerweise auch *Vermögen* bedeuten, die durch nichts mehr gedeckt sind.

Die Schuld der Gläubiger

Normalerweise wird die Schuld am Versagen des Geldkreislaufs den zahlungsunfähigen Schuldnern aufgebürdet. »Wer auch sonst sollte schuld sein, wenn nicht der Schuldner?«, glaubt der Gläubiger mit naiver Entrüstung. Also zwingt er jene, die nicht mehr zahlen können, siehe Griechenland (bald wird es auch andere Staaten ereilen), Buße zu tun, »den Gürtel enger zu schnallen« und – auf Finanzteufel komm raus – zu sparen (was die angeschlagene Wirtschaft noch tiefer in den Keller stürzt und fatale soziale Konsequenzen hat). Doch so bequem es für die Gläubiger auch sein mag, die Schuld beim Schuldner abzuladen, tatsächlich sind sie an der Misere gleichermaßen beteiligt: *Denn je höher die Profitrate der einen, desto höher die Schuldenquote der anderen.* Natürlich ist es richtig, wenn es heißt, dass wir uns *exorbitante Schuldenberge* nicht mehr leisten können. Jedoch darf dabei nicht vergessen werden (was regelmäßig geschieht), dass dies im Umkehrschluss auch bedeutet, dass wir uns keine *exorbitanten Vermögen* mehr leisten dürfen.[47]

Es ist keinesfalls so ehrenhaft, wie man vielleicht vermuten könnte, zu jenen sparsamen Menschen zu gehören, die – anders als die meisten Staaten oder überschuldete amerikanische Häuslebauer – nicht *über* die eigenen Verhältnisse leben. Denn derjenige, der *unter* seinen Verhältnissen lebt, ist volkswirtschaftlich nicht weniger schädlich. Der notorische Sparer, der nichts anderes im Sinn hat, als sein Kapital zu mehren, ist vielmehr ein doppeltes Übel: Er treibt nicht nur andere in die Schuldenfalle, sondern schwächt auch ganz unmittelbar den Wirtschaftskreislauf, auf dem sein Geldvermögen letztlich gründet. Warum? Weil *Sparen* nichts anderes bedeutet als *Konsumverzicht*, Konsumverzicht aber führt zu *geringerem Absatz von Gütern und Dienstleistungen* und somit zu *fallenden realen Profiten*, woraus wiederum *höhere Arbeitslosenzahlen, geringere Steuereinnahmen* und vermehrte *private Insolvenzen* resultieren, am Ende sogar *Staatsbankrotte* und – über die Verquickung von Schulden und Vermögen – last, but not least der *Verlust der privaten Ersparnisse*.

Allzu große Geldvermögen sind demnach nicht nur schädlich, weil sie notwendigerweise auf Schulden beruhen, die irgendwann nicht mehr bedient werden können, sondern auch, weil das Kapital, das *die wenigen* besitzen, *den vielen* fehlt, um all die schönen Güter und Dienstleistungen in Anspruch zu nehmen, die zwar theoretisch bereitgestellt werden könnten, aber aufgrund des Ausfalls zahlungsfähiger Konsumenten keine Abnehmer mehr finden. Hier nun offenbart sich der Gipfel der Ökonomiotie: *Denn eigentlich sollte Geld den reibungslosen Austausch von Gütern und Dienstleistungen gewährleisten, unter den gegebenen Umständen jedoch ist es gerade das Geld, das den reibungslosen Austausch verhindert!* Im Grunde nämlich ist alles vorhanden, was ein funktionstüchtiger Markt braucht: Menschen mit Bedürfnissen und Produktionsmittel, die diese Bedürfnisse weitestgehend befriedigen könnten. Nur das Medium Geld, das notwendig ist, um Angebot und Nachfrage miteinander zu verkoppeln, ist nicht an dem Platz, an dem es gebraucht wird. Aufgrund dieser monetären Fehldisposition entsteht eine *künstliche Knappheit von Gütern und Dienstleistungen*, die bei einer vernünftigeren Verteilung des Mediums Geld gar nicht existieren würde.

Um diesen Sachverhalt zu verstehen, muss man sich die zentrale Rolle des Geldes im Wirtschaftskreislauf bewusst machen. Wesentlich sind dabei zwei Funktionen: Geld dient erstens als zentrales *Zahlungs- und Tauschmittel* für Güter und Dienstleistungen aller Art. Als solches ist es eine geradezu geniale Erfindung, befreit sie uns doch vom enormen Aufwand direkter Tauschgeschäfte. (Stellen Sie sich vor, Sie hätten dieses Buch direkt bei mir erwerben müssen, im Tausch gegen Äpfel aus Ihrem Garten, eine Viertelstunde Gitarrenunterricht oder eine kurze Taxifahrt – wahrscheinlich würden wir noch immer miteinander verhandeln, ohne auf einen grünen Zweig zu kommen.) Geld erfüllt zweitens aber auch die Funktion eines *Wertaufbewahrungsmittels*. (So muss ich den Erlös aus dem Verkauf dieses Buches nicht sofort in Äpfel investieren, sondern kann dies auch Monate später tun.) Zweifellos ist auch diese Wertaufbewahrungsfunktion eine sinnvolle Eigenschaft des Geldes – allerdings nur unter der Voraussetzung, dass niemand auf den Gedanken kommt, dem Wirtschaftskreislauf Geld auf längere Zeit zu entziehen. Denn Geld, das *der eine hortet* (beispielsweise indem er es unter dem Kopfkissen versteckt), *fehlt allen anderen* zum Austausch von Gütern und Dienstleistungen. *Wie das Blut im Körper muss Geld in der Wirtschaft zirkulieren – wird diese Zirkulation unterbrochen, bricht das System in sich zusammen.*

Welch faszinierende Wirkung der Geldzirkulation zukommt, hat der Finanzjournalist Lucas Zeise anhand einer hübschen Anekdote illustriert: »Es geschah in einem kleinen Dorf im Luberon, das ausschließlich vom Tourismus lebte, bis dieser aufgrund der weltweiten Finanzkrise ausblieb. Kein Tourist besucht das Dörfchen, und jeder Bewohner muss zum Überleben bei einem anderen Geld pumpen. (...) Schließlich erscheint ein Fremder und mietet ein Zimmer. Er zahlt beim Einchecken mit einem 100-€-Schein. Der Tourist ist kaum mit seinem Trolley die Treppe hinauf, da rennt der Hotelbesitzer schon zu seinem Metzger, dem er seit Wochen 100 Euro schuldet. Der Metzger nimmt den Schein und läuft zum Bauern, der ihn mit Fleisch beliefert, was er bislang nicht bezahlen konnte. Der Bauer ergreift hocherfreut den Schein und trabt zu der einzigen Hure des Dorfes, der er noch das Geld für die letzten Besuche schuldig ist. Die Hure beeilt sich ihrerseits, ganz schnell den Hotelier aufzusuchen, bei dem sie hin und wieder stundenweise eine Kammer mietet, die sie seit Ausbruch der Krise nicht bezahlen konnte. Im selben Moment, in dem sie den Geldschein auf den Empfangstisch legt, kommt der Tourist die Treppe herunter, erklärt, dass ihm das Zimmer nicht gefalle, nimmt den Schein und verschwindet. In diesem kurzen Moment im Leben eines Dorfes wurde kein Geld ausgegeben, keiner hat etwas gewonnen und keiner verloren. Allein: alle Dorfbewohner sind plötzlich schuldenfrei.«[48]

Vom Tauschmittel zum Tauschzweck

Wäre es dabei geblieben, dass Geld bloß die Funktion eines universellen Zahlungs-, Tausch- und Wertaufbewahrungsmittels innehätte, sähe unsere Welt deutlich besser aus. Doch *Homo demens* wäre nicht *Homo demens*, würde er nicht alles unternehmen, um auch noch die klügsten Erfindungen der Menschheit in ihr Gegenteil zu verkehren. So war es auch beim Geld. Statt dafür zu sorgen, dass Geld eine *stabile, transparente und neutrale Verrechnungseinheit* für den Austausch von Gütern und Dienstleistungen ist, setzten wir alles daran, es in ein *instabiles, intransparentes und parteiisches Instrument der Umverteilung* zu verwandeln, das den Austausch von Gütern und Dienstleistungen behindert. Wie uns dieses Idiotenstück gelungen ist? Ganz einfach: *Wir machten das Tauschmittel zum Tauschzweck, aus dem Medium des Warenhandels die Handelsware schlechthin.*

Dass dieses Konzept nicht aufgehen kann, sollte einleuchten. Wie auch könnte Geld ein *neutraler Maßstab für den Marktwert* von Gütern und Dienstleistungen sein, *wenn Geld selbst eine Ware ist, deren Wert durch undurchsichtige, eigennützige Spekulationen auf den Märkten bestimmt wird?* Muss man sich wirklich wundern, dass mit der *Deregulierung der Finanzmärkte*, das heißt: mit der *Stärkung der Warenfunktion des Geldes*, der ökonomische Irrsinn in Rekordgeschwindigkeit neue Gipfel erreichte? Ganz gewiss nicht! Allerdings wäre es ein Fehler, die Ursache für die gegenwärtige Misere in den entfesselten Finanzmärkten und ihrem Kettenbriefhandel zu sehen. Immerhin haben die gewieften Finanzjongleure die Warenfunktion des

Geldes nicht *erfunden*, sondern bereits *vorgefunden*. Ihre kreative Leistung bestand allein darin, den in der Warenfunktion des Geldes enthaltenen Wahnsinn auf die Spitze zu treiben.

Dass Geld nicht nur ein *Tauschmedium*, sondern vor allem auch *Ware* ist, erkennt man daran, dass man einen *Preis* zahlen muss, um es zu erwerben. Im Falle des Geldes heißt dieser Preis *Zins*. Der Zins wird in der traditionellen Ökonomie damit begründet, dass er den Geldumlauf sichert, er ist gewissermaßen die Prämie dafür, dass der Geldvermögensbesitzer sein Geld nicht im stillen Kämmerlein hortet, sondern wieder in den Wirtschaftskreislauf einbringt, was – wie wir gesehen haben – für das Funktionieren des Austausches von Gütern und Dienstleistungen unerlässlich ist. Allerdings hat der Zins höchst unangenehme Nebenwirkungen, die seinen Nutzen in den Schatten stellen, ja am Ende sogar aufheben können: Denn der Zins führt nicht nur zu einem in der Realität auf Dauer kaum realisierbaren *Wachstumszwang der Wirtschaft* (Unternehmensgewinne müssen schließlich über der Zinslast der getätigten Investitionen stehen, da der Betrieb sonst zugrunde geht), sondern auch zur strukturellen *Umverteilung des Vermögens von Arm auf Reich*, die – sofern keine Gegenmaßnahmen ergriffen werden – mit der Zeit so weit voranschreitet, dass der gesamte Wirtschaftskreislauf zusammenbricht.[49]

Suchen wir also nach den Ursachen für die sich *immer weiter öffnende Schere zwischen Arm und Reich*, so müssen wir uns nicht nur mit konkreten Formen der Ausbeutung beschäftigen (etwa mit Lohndumping), sondern vor allem auch mit der abstrakten Form der Ausbeutung, die im Warencharakter des Geldes angelegt ist. Gemeint ist damit insbesondere die verhängnisvolle Logik des Zins- und Zinseszinsmechanismus, der mit der *Ware Geld* unauflöslich verknüpft ist und dessen Wirkungen sich am treffendsten wohl mit einem bekannten Bibelwort charakterisieren lassen: »Denn wer hat, dem wird gegeben, und er wird im Überfluss haben; wer aber nicht hat, dem wird auch noch weggenommen, was er hat.«[50] Genauso ist es in der wirtschaftlichen Realität: *Wer Kapital hat, dem fließt zusätzliches*

Kapital in Form von Zinserträgen zu. Wer kein Kapital besitzt, dem wird (sofern er nicht auf Kosten anderer an zusätzliches Kapital herankommt) auch noch das wenige, das er hat, in Form von Zinslasten genommen.

Geld macht reich

Die katastrophalen Folgen dieses Zusammenhangs zeigen sich nicht zuletzt im Verhältnis der Industrieländer zu den Entwicklungsländern. So waren die Zinserträge, die in den letzten Jahrzehnten aus dem armen Süden in den reichen Norden transferiert wurden, um ein Vielfaches höher als die Entwicklungshilfe, die in umgekehrter Richtung floss. Bereits Mitte der 1990er-Jahre stellte der Geldtheoretiker Helmut Creutz fest: » Wir Bürger sind oft stolz auf unsere Spenden, die wir für die Dritte Welt aufbringen. Rund 4000 Millionen Dollar jährlich, in den gesamten Industrienationen eingesammelt, sind auch eine hübsche Summe. Doch diese 4000 Millionen Dollar reichen den armen Ländern gerade, zwölf Tage lang ihren Zinsverpflichtungen nachzukommen. In den übrigen 353 Tagen im Jahr bleibt das Zusammenkratzen dieser Gelder ihr eigenes Problem. Anders ausgedrückt: Die Spenden, die von allen Hilfsorganisationen des Nordens in einem Jahr zusammengebracht werden, sind nach zwölf Tagen wieder bei uns. Aber keinesfalls wieder in den Taschen der Spender. Sie landen vielmehr allesamt auf den Konten der Geldgeber, deren Ersparnisse als Kredite in den Süden weitergeleitet wurden. Sie landen also bei denen, die bereits seit Jahren aus dem Süden ihre leistungslosen Zinserträge beziehen und damit weiterhin Anlass zu jenen Spendenaktionen geben.«[51]

Natürlich findet der zinsbedingte Geldtransfer von Arm auf Reich nicht nur auf *globaler Ebene* statt, sondern auch *innerhalb der reichen Industrienationen*. Die Dimensionen dieser bemerkenswerten Umverteilung werden deutlich, wenn man die deutschen Privathaushalte in zehn gleich große, nach Vermögen gestaffelte Gruppen unterteilt. Dabei zeigt sich, dass nur die beiden vermögendsten Haushaltsgruppen von dem Zinsmechanismus (der nicht nur bei Bankkrediten zum Tragen kommt, sondern in nahezu jedem Wirtschaftsgut versteckt ist) profitieren, während 80 Prozent der Haushalte (genau genommen sind es sogar 85 Prozent) deutliche Verluste hinnehmen müssen. Allein im Jahr 2007 flossen 255 Milliarden Euro (!) von den acht ärmeren zu den beiden reicheren Haushaltsgruppen. Die größten Gewinner waren dabei die reichsten 10 Prozent der deutschen Haushalte, die zu ihrem ohnehin üppigen Vermögen einen Zinsgewinn (Zinseinnahmen minus Zinslasten) von mehr als 231 Milliarden Euro verbuchen konnten.[52]

Macht man sich bewusst, dass dieser zinsbedingte Geldtransfer von Arm auf Reich nicht nur 2007 stattfand, sondern seit Jahrzehnten erfolgt, wird klar, warum die reichsten 10 Prozent der deutschen Bevölkerung mittlerweile *mehr als 60 Prozent des bundesweiten Vermögens besitzen* (1988 lag ihr Anteil am Gesamtvermögen noch bei 45 Prozent, 2002 schon bei 57,9 Prozent, 2007 bei 61,7 Prozent, Tendenz steigend).[53] Den reichsten 20 Prozent der Haushalte gehören mittlerweile über 80 Prozent des Vermögens, während 80 Prozent der Haushalte mit weniger als 20 Prozent des Kapitals auskommen müssen und die ärmsten 50 Prozent der Haushalte mit Mühe und Not 2 Prozent zusammenkratzen können. Im globalen Maßstab fällt dieses Missverhältnis von Arm und Reich sogar noch dramatischer aus: *Die reichsten 10 Prozent der Weltbevölkerung besitzen 85 Prozent des globalen Vermögens, die ärmere Hälfte der Menschheit zusammengenommen gerade einmal 1 Prozent.*[54]

Diese Ungleichverteilung von Vermögen ist nicht nur in *ethischer und politischer Hinsicht* völlig inakzeptabel (wie auch sollte man derartige Vermögensunterschiede über reale »Leistungen« begründen können?!), sondern hat auch *fatale volkswirtschaftliche Konsequenzen*. In der ökonomischen Theorie wird dieses Problem mitunter unter dem Stichwort »Grenznutzen« behandelt. Was ist damit gemeint? Nun, *je mehr Einheiten Sie von einem Wirtschaftsgut besitzen, desto weniger befriedigend ist es für Sie, noch mehr Einheiten dieses Wirtschaftsguts zu erhalten.* Haben Sie beispielsweise großen Hunger, so freuen Sie sich über das erste, zweite, dritte, vielleicht auch noch über das fünfte belegte Brot, doch mit dem zehnten, dem hundertsten, dem tausendsten Brot, das auf Ihrem Tisch landet, können Sie persönlich nichts mehr anfangen.

So ist es auch beim Geld: Für die ärmeren 80 Prozent der Haushalte in Deutschland wäre jede Erhöhung des Einkommens von praktischem Nutzen, denn sie würden das zusätzliche Geld weitestgehend in den Konsum investieren und dadurch die Konjunktur beleben. Für die ohnehin Vermögenden geht jedoch der reale Nutzen zusätzlicher Gewinne, die ihnen allein schon über den Zinsmechanismus zufließen, gegen null. Schließlich besitzen sie ohnehin schon weit mehr Kapital, als sie persönlich ausgeben könnten. Ein zusätzliches Mehr an Konsum ist für diese Gruppe kaum denkbar und würde ihr auch keine zusätzliche Befriedigung mehr verschaffen, wie Thomas Strobl sehr richtig beschreibt: »Luxusartikel sind kein Massengeschäft. Der dritte Porsche macht bei Weitem nicht mehr so viel Spaß wie der erste. Selbst dann nicht, wenn er mit Schwarzgeld angeschafft und auch noch frech von der Steuer abgesetzt wird. Nur mit einer Handvoll Superreicher wird sich eine Marktwirtschaft nicht betreiben lassen – so viel steht fest.«[55]

Ökonomiotische Farce in vier Akten

Warum das so ist, sollte mittlerweile klar geworden sein: Durch die zunehmende Konzentration des Vermögens bei einem sehr kleinen Teil der Bevölkerung geht insgesamt die Binnennachfrage zurück und damit auch der reale Absatz von Gütern und Dienstleistungen. Folglich entstehen all jene degenerativen Prozesse, die ich bereits als *Konsequenzen des notorischen Sparens* skizziert habe. Im Grunde muss man sich also gar nicht darüber wundern, dass auf der globalen Finanzbühne gegenwärtig eine so schauerliche Schmierenkomödie aufgeführt wird. Die von der internationalen Finanz-Deppokratie dargebotene »Ökonomiotische Farce in vier Akten« lässt sich etwa folgendermaßen zusammenfassen:

Erster Akt: Im Zuge des Einbruchs der Binnenkonjunktur können viele Unternehmen ihre Profite nur noch dadurch erzielen, dass sie Arbeitskräfte entlassen, was erklärt, warum die Aktienkurse steigen, wenn ein Unternehmen Rationalisierungsmaßnahmen ankündigt. So clever diese Strategie im ersten Moment erscheinen mag, auf längere Sicht ist sie von erschütternder Blödheit: Denn durch die Freisetzung von Arbeitskräften schwindet auch die allgemeine Kaufkraft auf dem Markt, was zu einem weiteren Einbruch der Konjunktur führt.

Zweiter Akt: Um das Schlimmste zu verhindern, muss der Staat mehr und mehr eingreifen, indem er den Lebensunterhalt der vom Markt Ausgeschlossenen sichert und massenhaft Konjunkturprogramme startet. Dies allerdings treibt die öffentlichen Haushalte immer tiefer in die Schuldenspirale. Die deutschen Staatsschulden liegen jetzt, da ich dies schreibe (1. 10. 2011, 16:30 Uhr), bei 2 Billionen 72 Milliarden 692 Millionen 507 Tausend und 910 Euro.[56] (Was die Zeitangabe betrifft, muss man einigermaßen genau sein, denn in der knappen Minute, die ich gebraucht habe, um diese Zahl einzutippen, ist der Schuldenstand Deutschlands um weitere 90 000 Euro gestiegen, pro Tag wächst er gegenwärtig um 134 Millionen …) Seit 1970 – damals stand der Staat mit nur 64 Milliarden Euro in der Kreide – ist der öffentliche Schuldenstand um mehr als das Dreißigfache angestiegen. Nun kann eine solch horrende Staatsverschuldung auf Dauer natürlich nicht gut gehen. Also hat sich der deutsche Staat selbst eine »*Schuldenbremse*« verordnet, die sich nicht zuletzt in Kürzungen im Sozialhaushalt niederschlägt (Stichwort *Hartz IV*). Dies wiederum sorgt nicht nur für zunehmende soziale Spannungen, sondern auch für eine weitere Reduzierung der Binnennachfrage mit den bekannten negativen Effekten.

Dies allein wirkt schon wie ein schlechter Witz, aber die makabre Pointe folgt erst noch: Denn den neuen Krediten von insgesamt 1596 Milliarden Euro, die Deutschland zwischen 1970 und 2009 aufnehmen musste, standen im gleichen Zeitraum Zinszahlungen in Höhe von 1562 Milliarden Euro gegenüber. Das heißt: *Von den über 1,5 Billionen Neuschulden, die der Staat innerhalb von 39 Jahren ansammelte, konnten die öffentlichen Haushalte selbst nur magere 34 Milliarden für allgemeine Aufgaben (etwa für das Bildungs- und Sozialsystem) verwenden!*[57] Der Rest des Geldes landete weitestgehend auf den Konten jener kleinen Minderheit von Privathaushalten, die vermögend genug sind, dem Staat größere Geldmengen zu leihen. Die ohnehin reichen Geldvermögensbesitzer wurden also auf Kosten der Allgemeinheit – und ohne einen einzigen Finger zu krümmen – um 1562 Milliarden Euro reicher!

Dritter Akt: Aufgrund des immensen Vermögensgewinns stehen die Luxusverwöhnten vor einem Luxusproblem: Denn wohin mit dem ganzen Zaster, wenn er a) nicht selbst verkonsumiert werden kann, wenn sich b) Investitionen in die Realwirtschaft kaum mehr lohnen (da mit dem Nachlassen der allgemeinen Kaufkraft die Profite sinken), und wenn sich c) die Staaten gar nicht mehr schnell genug verschulden können, um all die willigen Kreditgeber zu befriedigen? Schwierige Fragen, die den Finanzsektor in den letzten Jahren in einen regelrechten »*Anlagenotstand*« brachten. Die scheinbar clevere Lösung des Problems bestand darin, *fiktive Kapitalanlagen* in Form von »Finanzprodukten« zu erfinden. Also steckte man faule Kredite (an Menschen, die sie niemals zurückzahlen konnten) in immer originellere und undurchsichtigere Verpackungen, was tatsächlich eine ganze Weile gut ging, bis der Schwindel letztlich aufflog.[58]

Vierter Akt: In diesem Moment der Wahrheit erfolgt ein weiterer dramatischer Auftritt des Staates, der mit weiteren Multimilliardenkrediten nicht nur die Banken, sondern auch die von ihnen verwalteten Vermögen rettet. Die Pointe dabei ist, dass das *Vermögen zur Rettung des Vermögens aus diesem Vermögen selbst stammt*, sodass der rettende Staat noch höhere Zinsbeträge an die Besitzer der geretteten Vermögen zahlen muss. Das jedoch ist nur möglich, wenn er sich weiteres Vermögen bei den Vermögensbesitzern leiht, also *gerettetes Vermögen einsetzt, um gerettetes Vermögen zu retten.* Höhepunkt des absurden Spiels: Die Verwalter des geretteten Vermögens revanchieren sich beim Staat für seine großzügige Rettungstat, indem sie nun *mit gerettetem Vermögen gegen den Retter des Vermögens wetten* (Euro-Staatenkrise), sodass dieser *noch mehr gerettetes Vermögen braucht, um das gerettete Vermögen vor jenen zu retten, deren Vermögen eigentlich gerettet werden soll.*

Merken Sie, worauf diese Farce letztlich hinausläuft? Falls Sie den Eindruck gewonnen haben sollten, dass sich unser Geldsystem gar nicht so sehr vom viel gescholtenen Handel mit fiktiven Finanzprodukten an den Finanzmärkten unterscheidet, dann liegen Sie goldrichtig: *Tatsächlich folgt unser gesamtes Wirtschaftssystem der aberwitzigen Logik von Kettenbriefen*[59], die eine Zeit lang wunderbar aufzugehen scheint, irgendwann aber an den Kanten der Realität zerschellen muss. Die undurchsichtigen Finanzprodukte der letzten Jahre waren daher keine *bloß zufälligen Ausnahmeerscheinungen unseres Wirtschaftssystems,* sondern *logische Konsequenzen eines ökonomiotischen Kettenbriefhandels,* der in seine finale Phase eingetreten ist. Deshalb wird das, was bislang auf internationaler Regierungsebene beschlossen wurde, den finalen Crash nicht aufhalten können. Bestenfalls werden die Multimilliarden-Rettungsschirme dazu beitragen, etwas Zeit zu gewinnen. Diese Zeit müsste jedoch dringend genutzt werden, um das Grundproblem anzugehen, das sich hinter den vielfältigen Einzelphänomenen der gegenwärtigen Finanzkrise verbirgt, nämlich die verhängnisvolle *Warenfunktion des Geldes,* die, wie gesagt, dafür sorgt, dass Geld im Wirtschaftskreislauf nicht als *stabiles, transparentes und neutrales Medium des Tausches* dient, sondern als *instabiles, intransparentes und parteiisches Instrument der Umverteilung.*

Was also müsste in der gegenwärtigen Situation getan werden? Wir müssten den *Warencharakter des Geldes aufheben,* gewissermaßen *das Geld neu erfinden.* Dazu wird es nicht ausreichen, den Finanzsektor stärker zu regulieren und bestimmte Finanzprodukte, die rein fiktives Kapital mehren, zu verbieten. Auch die sinnvolle Einführung einer *Finanztransaktionssteuer auf internationale Devisengeschäfte (Tobin-Steuer)* wird das zugrunde liegende Problem nicht beheben. Notwendig wäre vielmehr, *die kolossale Umverteilung von Arm auf Reich, die in den letzten Jahrzehnten stattgefunden hat, rückgängig zu machen!* Es brauchte also Politiker, die den Mut aufbringen, in aller Öffentlichkeit klarzustellen, dass der *Abbau der exorbitanten Schulden* nur möglich ist, *wenn auch die exorbitanten Vermögen abgebaut werden.* Wir brauchten Politiker, die mit Entschiedenheit dafür eintreten, *dass aus dem Kapital weniger das Kapital vieler wird,* was nicht nur eine *linke,* sondern auch eine *liberale* Forderung sein müsste, da eine Marktwirtschaft nur unter dieser Voraussetzung funktionieren kann.[60] Wir brauchten Politiker, die den Irrglauben, dass Geld arbeiten könne, im Ansatz bekämpfen und darauf insistieren, dass nur *reale Leistungen im realen Leben realen Wohlstand* erzeugen.[61]

Doch sind solche Politiker in Sicht? Nein! Die Vorstellung, dass unsere Politiker mehrheitlich die Zeichen der Zeit erkennen und wirksame Maßnahmen gegen die Kettenbriefwirtschaft einleiten werden, wirkt fast schon so obskur wie der schiitische Glaube, dass der verborgene 12. Imam aus einem vertrockneten Brunnen klettern und die Weltherrschaft übernehmen wird. Doch warum ist das so? Um diese Frage beantworten zu können, müssen wir einen Abstecher in die *intellektuellen Niederungen der Politik* wagen ...

DIE TORHEIT DER REGIERENDEN
Politioten an der Macht

Ich weiß nicht, wie es Ihnen geht, aber mir persönlich fällt es immer schwerer, mich dazu zu motivieren, an Wahlen teilzunehmen und einer politischen Partei meine Stimme zu geben. Manchmal frage ich mich, ob die alten Spontis nicht doch recht hatten: »Wenn Wahlen etwas ändern würden, wären sie längst verboten!« Sozialwissenschaftler bezeichnen das kulturelle Ermüdungssyndrom, unter dem ich leide, als *Politik*verdrossenheit – *Politiker*verdrossenheit wäre jedoch der passendere Begriff: Denn wie viele Bürgerinnen und Bürger hege ich nicht den geringsten Zweifel daran, dass der politischen Klasse eine zentrale Aufgabe in unserem Gemeinwesen zukommt – ich bezweifle nur, dass die Damen und Herren, die dazu berufen sind, diesen Job zu erledigen, die dafür erforderlichen Qualitäten besitzen.

Offensichtlich handelt es sich hierbei nicht bloß um ein *individuelles*, sondern um ein *strukturelles* Problem. Schon vor mehr als 20 Jahren hat Esther Vilar auf den »betörenden Glanz der Dummheit« hingewiesen, der das politische Geschäft wie kaum ein anderes bestimmt.[62] Tatsächlich muss man festhalten, dass gerade in der Nische der Politik Selektionskräfte am Werk sind, die nachdenkliche, kreative, empathische Menschen eher behindern als fördern. Wie auch könnte ein origineller, phantasievoller, sensibler Mensch all den Stumpfsinn, all die Kleingeistigkeit, all den Zwang zu opportunistischer Heuchelei überstehen, der einem Berufspolitiker während seines Marschs durch die Institutionen zugemutet wird? Ist es nicht so, dass diejenigen, die schon von vornherein eine gewisse Neigung zu stumpfsinnigem Opportunismus in sich tragen, auf politischem Gebiet im Vorteil sind?

Esther Vilar fragt zu Recht: »Wie bringt ein Mensch es fertig, jahrzehntelang in allen diesen Phrasen zu schwimmen und all diese Gemeinplätze im Mund zu führen? Wie stellt er es an, das stets wechselnde Parteiprogramm mit ewig gleicher Inbrunst zu verteidigen? Wie erträgt er es, in Wahlzeiten all diese Versprechungen abzugeben, von denen er doch weiß, dass er sie niemals halten kann? [...] Warum ist ihm – in der Regel – keine Attitüde zu grotesk, wenn er annimmt, dadurch volksnah zu erscheinen? Da verbrüdern sich besten Kreisen entstammende Herren mit rußverschmierten Kumpels, als hätten sie ein Leben lang von nichts anderem geträumt als von der Freundschaft dieser gestandenen Männer. [...] Wer zu Unternehmern redet, bedauert die Unersättlichkeit der Lohnempfänger, und schon bei der nächsten Ansprache werden diese dann auf die Profitgier ihrer Bosse hingewiesen. Und auf geht's zum nächsten Happening, wo das Ganze von vorn beginnt: Händeschütteln, Schulterklopfen, Freundschaftschließen. Fragen stellen, auf die keiner eine Antwort gibt. Antworten geben, auf die keiner hört. Und das alles im Sechzehn-Stunden-Takt, an jedem Tag der Woche ...«[63]

Angesichts der Tendenz, dass gerade »aus den hartgesottensten, unermüdlichsten und leutseligsten Händeschüttlern, Schulterklopfern, Phrasendreschern, Sitzungssitzern nach Jahren und Jahrzehnten schließlich Abgeordnete, Staatssekretäre, Premiers und Präsidenten werden«[64], muss man sich über die bescheidene Qualität politischer Problemlösungen gar nicht wundern. Vilar sieht hierin zu Recht eines der Grundprobleme der parlamentarischen Demokratie: Wie auch könnte Politik unter solchen Voraussetzungen etwas anderes sein als die »Herrschaft des Groben über das Feine, der Dickfelligkeit über das Zartgefühl, des Banalen über das Besondere, des Geheuchelten über das Echte, der Geistlosigkeit über den Geist«?[65]

Selbstverständlich gibt es – und zwar in allen Parteien – kluge, sensible, innovative Politikerinnen und Politiker, die es

irgendwie geschafft haben, sich durch das System hindurchzu-
mogeln, ohne dabei ihre persönliche Integrität, ihre Phantasie,
ihre Feinfühligkeit zu verlieren. Doch sie bilden – in allen Parteien – eine Minderheit, die sich gegen die Mehrheit der hohlen
Phrasendrescher, der zwanghaften Mobber, der dumpfen Be-
rufsopportunisten kaum durchsetzen kann. Ich würde diese
Bilanz nicht in dieser apodiktischen Härte formulieren, wäre
ich in den letzten Jahren (durch Talkshows, Podiumsdiskussio-
nen, Briefwechsel etc.) nicht zunehmend mit Vertretern der
politischen Klasse konfrontiert worden. Dabei haben sich
immer wieder *intellektuelle Abgründe* aufgetan, die ich so beim
besten Willen nicht für möglich gehalten hätte. Insofern war
der Satz in der Einleitung dieses Buchs »Die herrschende
Dummheit ist stets auch die Dummheit der Herrschenden«
nicht bloß ein nettes Wortspiel, er kennzeichnet eine bittere
Realität: *Denn alle Formen des Schwachsinns, die wir bisher
untersucht haben, Religiotie, Ökologiotie und Ökonomiotie, vereinigen sich auf politischer Ebene zu einer allumfassenden Mega-
Blödheit, der Politiotie.*

Heilige Einfalt in der Politik

Dies sei nachfolgend kurz skizziert. Beginnen wir mit dem
Nachweis des religiotischen Syndroms in der Politik: Zunächst
darf man hier glücklicherweise festhalten, dass Vollreligioten
wie der iranische Präsident Ahmadinedschad in westlichen
Demokratien – trotz des nachhaltigen Eindrucks, den George
W. Bush hinterlassen hat – eher eine Seltenheit sind. Das ist
auch insofern naheliegend, als in religiotischen Denksystemen
alle Herrschaftsgewalt *von oben,* von Gott, und nicht *von unten,*
vom Volk, kommt. Kurzum: *Religiotie und Demokratie sind einander wesensfremd.* Dennoch: Trotz des Fehlens militanter
Gotteskrieger in den Parlamenten und Regierungen der westlichen Staaten wird das politische Geschäft auch in liberalen,
säkularen Gesellschaften in erstaunlichem Maße noch von religiotischen Hirnwürmern bestimmt.

Man erkennt dies schon daran, dass – während die Kirchen im Lande immer leerer werden – die Spitzenpolitiker regelrecht darum wetteifern, wer bei öffentlich übertragenen Gottesdiensten in den vordersten Kirchenbänken Platz nehmen darf. Viele *Spitzenpolitiker* präsentieren sich mit großem Eifer als *Spitzengläubige*, weshalb sie nicht nur in der Politik, sondern auch in den Kirchen wichtige Posten besetzen (etwa im *Zentralkomitee der deutschen Katholiken* oder im *Rat der evangelischen Kirche in Deutschland*). Und natürlich geben sie sich – bemerkenswerterweise quer durch alle politischen Lager – allergrößte Mühe, in ihren Reden die sogenannten christlichen Werte zu beschwören. Allerdings darf man stark anzweifeln, ob die Damen und Herren der Politik auch nur den leisesten Hauch einer Ahnung haben, worüber sie da eigentlich sprechen.

Nur ein Beispiel unter vielen: Die ehemalige deutsche Familien- und gegenwärtige Sozialministerin Ursula von der Leyen – und sie ist wahrlich nicht die dümmste Vertreterin der Politikergilde, im Gegenteil! – verkündete 2006 vor laufenden Kameras, dass »die ersten 19 Artikel unseres Grundgesetzes im Prinzip die Zehn Gebote zusammenfassen« würden.[66] Wer hätte das gedacht? Offenbar besitzt die Ministerin eine recht eigentümliche Ausgabe des deutschen Verfassungstextes: Denn seit wann, bitte schön, legitimiert das Grundgesetz Religionszwang und Sippenhaft[67], Sklaverei und die Unterordnung der Frau unter den Mann[68] – allesamt Inhalte der Zehn Gebote? Andersherum formuliert: Seit wann enthalten die Zehn Gebote *unverletzliche und unveräußerliche Menschenrechte* (Artikel 1 des Grundgesetzes), das *Recht auf die freie Entfaltung der Persönlichkeit* (Artikel 2), die *Gleichberechtigung von Mann und Frau* (Artikel 3), die *Freiheit des religiösen und weltanschaulichen Bekenntnisses* (Artikel 4) oder gar die Gewährung von *Meinungs-, Presse-, Kunst-, und Forschungsfreiheit* (Artikel 5)? Diese Rechte sind im Kanon der Zehn Gebote nicht nur *nicht enthalten*, sie stehen vielmehr in einem *unaufhebbaren Widerspruch zur gesamten Ausrichtung der Bibel!*

Historisch betrachtet ist das verständlich: Denn wie auch

hätten die Menschen, die vor vielen, vielen Jahrhunderten die »Heiligen Schriften« zusammenreimten, Grundrechte formulieren können, die erst auf einer *sehr viel späteren Stufe der kulturellen Evolution entwickelt werden konnten*? Es wäre in der Tat ein Wunder, ja geradezu ein Gottesbeweis gewesen, hätte Moses beim legendären (also: komplett erfundenen) Abstieg vom Berg Sinai statt der *Zehn Gebote* die *Allgemeine Erklärung der Menschenrechte* im Gepäck gehabt. Etwas Derartiges ist in der gesamten Religionsgeschichte jedoch nicht vorgekommen. Vielmehr bestätigte sich immer wieder eine der grundlegenden Erkenntnisse der Religionssoziologie: *Die Götter und ihre jeweiligen Gebote waren stets nur exakt so klug beziehungsweise exakt so beschränkt wie die Menschen, als deren Phantasiegebilde sie im jeweiligen historischen Kontext entstanden.*

Aufgrund dieser Grundkonstellation sind die Religionen notwendigerweise konservativ. Sie schaffen keine neuen Werte für Gegenwart und Zukunft, sondern sind *kulturelle Zeitmaschinen, die überholte Vorstellungen vergangener Epochen in die heutige Zeit transportieren.*[69] Dies erklärt auch, warum *ein Großteil der Werte, die den modernen Rechtsstaat konstituieren, keineswegs dem Christentum entstammen, sondern vielmehr in einem Jahrhunderte währenden Emanzipationskampf gegen den Widerstand des organisierten Christentums erstritten werden mussten.* Gleich welchen Aspekt des modernen Rechtsstaats wir auch fokussieren, ob Demokratie, Menschenrechte, Gewaltenteilung, ob die Freiheit der Meinungsäußerung, die Frage der sexuellen Selbstbestimmung oder die Gleichberechtigung von Mann und Frau: *Die Religionen (inklusive des Christentums) waren summa summarum keine Motoren, sondern Bremsklötze des kulturellen Fortschritts – und sie sind es bis zum heutigen Tage geblieben!* Kurzum: Die von Politikern immer wieder strapazierte Mär von der bis heute positiv prägenden Kraft der Religionen bricht wie ein Kartenhaus in sich zusammen, wenn man sich die Mühe macht, etwas genauer hinzuschauen.[70]

Nun müsste es uns nicht sonderlich stören, wenn Politiker in ihren Sonntagsreden religiotischen Unsinn verzapfen, würden diese Denkverzerrungen nicht politische Konsequenzen nach sich ziehen. Leider ist jedoch genau das der Fall. In Deutschland zeigt sich dies insbesondere in der Privilegierung der beiden christlichen Großkirchen, für die Politiker sogar die Einschränkung verfassungsmäßig garantierter Rechte hinnehmen.[71] So heißt es beispielsweise in Artikel 4 des Grundgesetzes, dass *kein Mensch aufgrund seines religiösen oder weltanschaulichen Bekenntnisses diskriminiert werden darf*, weshalb sich Deutschland auch den *europäischen Antidiskriminierungsvorschriften* verpflichtet fühlt, doch das hindert die Politik keineswegs daran, die *kirchliche Praxis der Diskriminierung* mit milliardenschwerem Aufwand zu fördern.[72]

Denken Sie nur an die christlichen Stelleninserate, die tagtäglich in unseren Zeitungen erscheinen. Die implizite Aussage dieser Jobangebote für Ärzte, Psychologen, Krankenpfleger etc. lautet: *Juden unerwünscht, Atheisten unerwünscht, Muslime unerwünscht!* Und dies in Betrieben, die *100-prozentig öffentlich finanziert werden, wie Krankenhäuser oder Altenheime, für deren Erhalt die Kirchen keinen einzigen müden Cent aufbringen!* Konsequenz: Da sich die kirchlichen Sozialkonzerne Caritas und Diakonisches Werk dank großherziger politischer Unterstützung längst zu den größten nichtstaatlichen Arbeitgebern Europas gemausert haben, sind heute Millionen von Menschen *faktisch zur Kirchenmitgliedschaft gezwungen, um ihrem Beruf nachgehen zu können.* Besonders hart trifft es dabei Angestellte in katholischen Betrieben (Krankenhäuser, Kindergärten, Altenheime etc.), die ihre Arbeitsstelle bereits verlieren können, wenn sie einen geschiedenen Partner heiraten oder sich dazu bekennen, in einer homosexuellen Beziehung zu leben. Fragen Sie sich selbst: Gehört eine solche Diskriminierung ins 21. Jahrhundert? Kann es legitim sein, einen derartigen Grundrechtsverstoß auch noch öffentlich zu finanzieren? Natürlich nicht! Doch bislang ist kaum ein deutscher Politiker auf den Gedanken gekommen, irgendetwas gegen dieses offenkundige Unrecht zu unternehmen.[73]

Führt man sich vor Augen, wie stark das religiotische Syndrom in der Politik verbreitet ist, versteht man, warum die *systematischen Menschenrechtsverletzungen, die Abertausende von Heim- und Internatskindern in christlichen Institutionen erleiden mussten*, über Jahrzehnte hinweg vollständig ignoriert wurden.[74] Auch begreift man, warum Sterbenden noch immer das Recht auf *Selbstbestimmung am Lebensende* verwehrt wird. Obwohl die überwiegende Mehrheit der Bevölkerung längst für eine Liberalisierung der Sterbehilfe eintritt, kommt die Politik auf diesem Gebiet kaum einen Schritt voran. Schuld daran ist nicht zuletzt die religiotische Vorstellung, wir seien bloß »Verwalter, nicht Eigentümer des Lebens, das Gott uns anvertraut hat«, und dürften »darüber nicht verfügen«.[75] Wie viel Elend, wie viel unsägliches Leid Schwerstkranken aufgrund solcher abergläubischen Vorstellungen Tag für Tag zugemutet wird, lässt sich kaum in Worte fassen.

Menschenwürde im Reagenzglas?

Religiotische Vorstellungen dieser Art bestimmen allerdings nicht nur den Umgang mit dem *Ende*, sondern auch mit dem *Anfang* des Lebens. Denken Sie nur an die Debatte um die sogenannte *Präimplantationsdiagnostik (PID)*, die 2011 im Deutschen Bundestag geführt wurde. Ziel der PID ist es, durch eine frühzeitige Untersuchung künstlich befruchteter Eizellen nur solche Embryonen in die Gebärmutter einzupflanzen, die die bestmögliche Aussicht auf eine gesunde Entwicklung haben. Eigentlich eine gute Idee, sollte man meinen – vor allem wenn man bedenkt, welch hohe physische und psychische Kosten die betroffenen Frauen ohnehin tragen müssen, wenn sie den beschwerlichen Weg einer künstlichen Befruchtung gehen. Dennoch stimmten 43 Prozent der deutschen Parlamentarier für ein rigoroses Verbot der PID, während die Mehrheit für eine Gesetzgebung votierte, die die Zulässigkeit der PID auf einige wenige Fälle begrenzte. Was waren die Gründe für diesen Akt der politischen Bevormundung? Sollte man nicht meinen, dass die Bürgerinnen und Bürger eines liberalen Rechtsstaates mündig genug sind, selbst darüber zu entscheiden, was für sie am besten ist? Andersherum gefragt: Gab es irgendwelche überzeugenden Argumente dafür, *dass der Staat seinen Bürgerinnen überhaupt das Recht absprechen darf, die Qualität künstlich erzeugter Embryonen kontrollieren zu lassen, bevor man sie in ihren Körper einpflanzt?*

Nein, solche Gründe gab und gibt es nicht, wie ein bioethisches Gutachten verdeutlichte, das sämtlichen Bundestagsabgeordneten im Vorfeld der PID-Entscheidung zuging.[76] Wie aber reagierten die deutschen Parlamentarier auf dieses Gutachten? Man kann es leider nicht freundlicher formulieren: Die meisten Briefe und Faxe deutscher Politikerinnen und Politiker bewegten sich auf einem *derart unterirdischen intellektuellen Niveau, dass man sich wundern muss, weshalb der Staat nicht schon längst unter der eklatanten Denkschwäche seines Führungspersonals zusammengebrochen ist!*[77] So begriffen viele Parlamentarier nicht einmal den gewichtigen Unterschied zwischen einer *behinderten*freundlichen und einer *behinderungs*freundlichen Politik: Schon die Feststellung, dass der Staat zwar *Kranke und Behinderte* mit allen verfügbaren Mitteln fördern sollte – nicht aber *Krankheiten und Behinderungen* –, überstieg das geistige Vermögen zahlreicher Politiker. Noch erschreckender allerdings war, wie viele MdBs ihr Votum für ein Verbot beziehungsweise für eine strikte Begrenzung der PID mit dem »christlichen Menschenbild« begründeten. Unter Berufung auf den angeblich »urchristlichen Glaubensgrundsatz«, dass »Gott« im Moment der Verschmelzung von Samen und Eizelle dem neu entstehenden Lebewesen eine »unsterbliche Seele« einhauche, erklärten sie, dass schon frühe Embryonen – wohlgemerkt: wir sprechen hier *von völlig empfindungsfreien Zellformationen,* die bedenkenlos eingefroren und wieder aufgetaut werden können – als »Rechtspersonen« mit »Menschenwürde« geachtet werden müssen.

Ob den Abgeordneten wirklich klar war, was sie da von sich gaben? Glaubten sie wirklich, dass Objekten im Reagenzglas die »volle Menschenwürde« zukomme? Hatten sie sich jemals ernsthaft Gedanken über die Widersprüche ihres eigenen Glaubens gemacht, etwa darüber, warum »Gott« so furchtbar unentschlossen sein sollte, dass er zunächst a) jeder einzelnen befruchteten Eizelle eine »unsterbliche Seele« *einhaucht*, um sie kurz danach b) bei der Hälfte von ihnen wieder *auszuhauchen*? (Immerhin gehen 50 Prozent der befruchteten Eizellen spontan wieder zugrunde, weshalb Gott, wäre er dafür verantwortlich, als »größter Abtreibungsarzt aller Zeiten« in die Geschichte eingehen müsste …) Vor allem: War diesen Abgeordneten denn so gar nicht klar, dass ihr *privater Glaube an beseelte Embryonen* beim besten Willen kein Grund sein kann, um *andersdenkenden Menschen* das Recht zu verwehren, mithilfe von PID die Chancen auf ein gesundes Kind zu erhöhen? Hätten sie nicht wissen müssen, dass *es den Prinzipien der Demokratie widerspricht, wenn sich der weltanschaulich neutrale Staat das Recht herausnimmt, seinen Bürgerinnen und Bürgern eine bestimmte weltanschaulich gebundene Haltung vorzuschreiben?!*

Wahrscheinlich, so ist zu befürchten, war den meisten dieser christlich inspirierten Abgeordneten nicht einmal bewusst, dass das Dogma der Simultanbeseelung (»Eingießen des Geistes« im Moment der Befruchtung) keineswegs so »urchristlich« ist, wie allgemein behauptet wird. Tatsächlich ging die Kirche über viele Jahrhunderte von der alternativen Lehre der »Sukzessivbeseelung« aus, wonach sich im Embryo beziehungsweise Fötus erst allmählich eine »Seele« entwickelt, weshalb christliche Theologen lange Zeit kein Problem darin sahen, Schwangerschaftsabbrüche vor dem dritten Monat zu legitimieren. *Erst vor knapp 150 Jahren machte Papst Pius IX. die Lehre von der Beseelung im Moment der Befruchtung zum verbindlichen Glaubensdogma, wobei der theologische Hintergrund dieser Grundsatzentscheidung eine Farce* für sich ist. Denn dieses obskure Dogma der Simultanbeseelung stand in Zusammenhang mit dem noch obskureren Dogma der *Unbefleckten Empfängnis Mariens*, das Pius IX. bereits 1854 verkündet hatte. Das Problem des Papstes: Wie sollte man der Empfängnis

Mariens würdevoll gedenken, wenn Maria in dem Moment, in dem sie empfangen wurde, nach klassischer Auffassung nichts weiter war als vernunftlose, seelenlose Materie? Diese Frage ließ Pius IX. keine Ruhe, denn selbstverständlich war er überzeugt, dass die allerheiligste Jungfrau nie und nimmer je seelenlos gewesen sein konnte. Also tat der gute Mann, was getan werden musste, und strich 1869 zu Ehren der Gottesmutter die Sukzessivbeseelung aus dem Glaubenskanon. Traurig, aber wahr: *Auf solch religiotischem Unfug beruhen noch heute Gesetze eines säkularen Staates!*

Ökologioten an der Macht

Kommen wir damit zum nächsten Kernelement der Politiotie, der *Ökologiotie*. Auch für sie lieferte das Jahr 2011 eindrucksvolle Beispiele. Man erinnere sich nur daran, wie die deutsche Bundesregierung, die noch im Herbst 2010 aus dem Atomausstieg ausgestiegen war, auf das Reaktorunglück in Fukushima reagierte. Hätte es noch eines weiteren Belegs für Esther Vilars Diagnose bedurft, *dass sich politische Dummheit vor allem in mangelnder Vorstellungskraft äußere*[78], die Reaktionen auf Fukushima hätten den ultimativen Beweis erbracht. Denn was behaupteten die Vertreter der Regierungsparteien im März 2011 vor laufenden Kameras? Sie erklärten allen Ernstes (und ohne rot zu werden), dass man sich einen solch dramatischen Unfall wie in Fukushima *gar nicht hätte vorstellen können.*

Was für eine Bankrotterklärung der Vernunft! Waren die entscheidenden Argumente, die gegen die Atomkraft sprachen, denn nicht spätestens schon seit Robert Jungks Bestsellern aus den 1970er-Jahren »Griff nach dem Atom« und »Der Atomstaat« allgemein bekannt? Brauchte es 25 Jahre nach Tschernobyl wirklich eine weitere Katastrophe, um die verheerenden Folgen eines Supergaus zu demonstrieren? Hätte die Politik nicht längst erkennen müssen, dass es grob fahrlässig ist, eine Technologie zu nutzen, die menschliche Unvollkommenheit mit nie wiedergutzumachenden Katastrophen bestraft?

Wären Politiker Wesen, die in ihrem Handeln vornehmlich Argumenten folgen, wäre die Antwort klar: *Kein Mensch mit Verstand würde auf eine Technologie setzen, deren Risiken so verheerend sind, dass sie von keiner Versicherung der Welt getragen werden!* Jedoch geht es im Spiel der Politik nicht um die *rationale Berücksichtigung von Argumenten,* sondern um die *gesellschaftliche Verteilung von Macht.* Politiker können es sich gar nicht leisten, Argumenten zu folgen, die zwar *sachlich richtig sein mögen, politisch aber nicht durchsetzungsfähig sind.* Sie sind gefangen (und zugleich aufgefangen) in einem *Netzwerk von Interessen,* zwischen denen sie klug taktieren müssen: den *Interessen der Partei,* die sie vertreten, den *Interessen der Wähler,* um deren Stimmen sie kämpfen, und den *Interessen der Lobbyisten,* die sie umschwärmen wie die Motten das Licht.

Ebendieses Konglomerat von Interessen sorgte dafür, dass die schwarz-gelbe Koalition im Herbst 2010 wider alle ökologische Vernunft den Ausstieg aus dem bereits beschlossenen Atomausstieg verkündete. Schließlich waren beide Parteien in der Vergangenheit maßgeblich am Auf- und Ausbau der Kernenergie beteiligt gewesen, von deren Sicherheit und Effizienz auch ihre Wähler weitgehend überzeugt waren. Der Reaktorunfall in Tschernobyl war zum einen in Vergessenheit geraten, zum anderen konnte man ihn wunderbar auf sozialistische Misswirtschaft in der untergegangenen UdSSR zurückführen, was wiederum perfekt in die Wahlprogramme beider Parteien und ins Meinungsbild ihrer jeweiligen Wähler passte. Natürlich standen beide Parteien zudem in engstem Kontakt zu den großen Energiekonzernen, die möglichst viel Profit aus den bestehenden Atommeilern schlagen wollten. Warum also sollte man bei einem so starken Interessenskonsens in der Praxis auf Theoretiker hören, die mit ihrer Kritik an der Kernenergie ohnehin Propaganda für das falsche politische Lager machten?

Wäre der Unfall in Fukushima nicht dazwischengekommen, wäre diese realpolitische Rechnung wohl aufgegangen. In *dieser* Hinsicht veränderte Fukushima jedoch alles. Obgleich die *argumentative Sachlage gleich blieb* (die Nutzung der Kernenergie war *nach* Fukushima natürlich ebenso »sicher«, wie sie es *vor* Fukushima gewesen war), hatte sich die *allgemeine Stimmungslage* dramatisch gewandelt: Die Zustimmung bei den Wählern kippte, die Regierungsparteien gerieten unter Druck, und auch die Stromkonzerne mussten einsehen, dass sie Kunden verlieren würden, wenn sie weiterhin auf Atomstrom setzen würden. Also leiteten die Regierungspolitiker eine furiose Kehrtwende in ihrer Atompolitik ein – nicht, weil sie urplötzlich von der Richtigkeit des Atomausstiegs argumentativ überzeugt gewesen wären (wie gesagt: die Sachlage blieb gleich), sondern weil sich nach Fukushima die Machtverhältnisse (die Interessenlagen) radikal geändert hatten.

Tomaten ohne Gene?

Es ist nicht erstaunlich, dass *die Grünen* von diesen veränderten Verhältnissen am stärksten profitieren konnten. Immerhin treten sie schon seit Jahrzehnten entschieden gegen die Nutzung der Kernenergie ein. Nicht nur deshalb ist man geneigt, den Grünen größere Kompetenz in ökologischen Fragen zuzubilligen als anderen Parteien. *Allerdings sind auch die Grünen gegen Ökologiotie keineswegs gefeit.* Am deutlichsten zeigt sich dies wohl in ihrer rigorosen Abwehr der *Gentechnik.*

Dass gentechnisch veränderte Lebensmittel gesundheitsgefährdend und ökologisch bedenklich seien, gehört zum festen Glaubenssystem jedes ordentlichen grünen Politikers. Bemerkenswerterweise ist ihnen nach der AKW-Kritik allerdings auch dieses Alleinstellungsmerkmal verloren gegangen. Denn mittlerweile tun sich Politiker *aller* Parteien dadurch hervor, den europäischen Markt vor der vermeintlichen Gefahr transgener Produkte beschützen zu wollen. Fragen wir uns: Worauf ist diese merkwürdige Einigkeit der politischen Klasse zurückzuführen? Etwa auf wissenschaftliche Studien, die die Bedenklichkeit genetisch veränderter Pflanzen nachgewiesen hätten? Nein, so etwas würde Realpolitiker nicht beeindrucken. Auch in diesem Fall war und ist für die politische Entscheidungsfindung nicht die *argumentative Sachlage*, sondern die *allgemeine Interessenlage* maßgeblich: Politiker aller Fraktionen wettern deshalb gegen gentechnisch erzeugte Nahrungsmittel, weil dies *erstens* im Sinne ökologischer wie konventioneller europäischer Landwirtschaftsverbände ist und weil *zweitens* in der Bevölkerung die Angst vor diesen Produkten so stark verbreitet ist, dass es einem politischen Selbstmord gleichkäme, das Gegenteil zu tun.

Dass alle großen Wissenschaftsorganisationen die *Grüne Gentechnik*[79] gänzlich anders bewerten als die Politik, stört offenbar niemanden. Dabei sprechen die Fakten für sich[80] – wenn man denn bereit ist, sich auf diesem Gebiet auf rationale Argumente einzulassen (was ich, wie ich zugeben muss, als alter *Greenpeace*-Sympathisant lange Zeit auch nicht tat[81]): Gentechnisch veränderte Nahrungsmittel sind in der Regel *weniger umweltzerstörend, weniger gesundheitsgefährdend, weniger allergen* als konventionelle Landwirtschaftsprodukte, ja, sie sind in diesen Punkten sogar »Bio-Erzeugnissen« überlegen. Vor allem aber zeichnet sich die Grüne Gentechnik durch *nachhaltig höhere Erträge* aus – insbesondere in Gebieten mit ungünstigen ökologischen Rahmenbedingungen.

Die deutsche Nobelpreisträgerin Christiane Nüsslein-Volhard brachte den Stand der Forschung auf den Punkt, als sie feststellte, »dass die Anwendung der Gentechnik in der Pflanzenzüchtung ein noch unausgeschöpftes Potenzial für den ökologischen Landbau, für verbesserten Umweltschutz, die Erhaltung der Artenvielfalt und die Gesundheit bietet«. Die Vorteile liegen auf der Hand: »Pflanzen, die resistent gegen Motten, Pilzbefall, Viren und Nematoden sind, müssen nicht gespritzt werden. Pflanzen, die besser an ungünstige Wachstumsbedingungen, Salzböden, Karst, Trockenheit angepasst sind, können so gezüchtet und angebaut werden, um verödetes Land wieder fruchtbar zu machen.«[82] Natürlich bietet jede potente Technik neben Chancen auch Risiken, aber in *diesem* Fall ist das Urteil der Wissenschaft erstaunlich eindeutig: *Die rigorose Absage an die Gentechnik ist* – anders als dies von Umweltschützern gemeinhin angenommen wird – *kein Ausdruck von ökologischer Weitsicht, sondern von ökologischer und ökonomischer Unvernunft.*

Wenn man die Dinge etwas genauer betrachtet, kann man sich des Eindrucks kaum erwehren, dass die grassierende Anti-Gentechnik-Hysterie ein *Luxus-Spleen verwöhnter Europäer* ist, die es sich leisten können, *irrational-romantischen Ökomythen* zu folgen, statt die ökonomischen und ökologischen Potenziale einer Technik auszuloten, die gerade den Ärmsten der Armen Chancen auf eine bessere Zukunft bietet. Dabei beruht die fast ausschließlich in reichen Nationen verbreitete Angst vor transgenen Produkten nicht zuletzt auf Unwissenheit. So kamen Umfragen Ende der 1990er-Jahre zu dem Ergebnis, dass 35 Prozent der EU-Bürger und 65 Prozent der US-Amerikaner glaubten, dass konventionell gezüchtete Tomaten keine Gene enthielten. Noch größere Bevölkerungsanteile dürften sich im Unklaren darüber sein, dass selbstverständlich auch die konventionelle Züchtung, die wir Menschen seit rund 12 000 Jahren betreiben und ohne deren Erfolge wir verhungern würden, notwendigerweise mit Eingriffen ins Erbgut verbunden ist. *Im Grunde besteht der Unterschied zwischen traditioneller Zucht und moderner Gentechnik allein darin, dass der Eingriff ins Erbgut heute etwas gezielter erfolgen kann.*[83] Wahr ist allerdings, dass mithilfe der neuen biotechnischen Verfahren auch genetische Informationen fremder Arten in das Genom einer Kulturpflanze eingeschleust werden können. Dieser »horizontale Gentransfer« ist tatsächlich ein *neues Verfahren* für uns Menschen, *unnatürlich,* wie viele meinen, ist es jedoch nicht, denn in der Natur kommt es schon seit Jahrmillionen vor, dass Pflanzen genetische Sequenzen aus anderen Organismen und Viren aufnehmen.

Dass viele Europäer Gentechnik als »unnatürlich« ablehnen, beruht nicht nur auf einer *Unkenntnis der Biotechnologie,* sondern auch auf einem *inadäquaten Naturverständnis.* Viele Ökologiebewegte begreifen die Natur noch immer als etwas Statisches, das man in einem bestimmten Zustand erhalten müsste, obwohl die Natur stets im Fluss ist (Evolution) und sich die

Genome der Organismen selbstverständlich auch ohne Eingriff des Menschen wandeln würden. Dabei sind wir Menschen keineswegs die einzigen Lebewesen, die ins Erbgut fremder Organismen eingreifen – Mikroorganismen tun dies schon seit Jahrmilliarden. Kurzum: Die Vorstellung, es sei eine Art »Sündenfall«, wenn der Mensch das Erbgut anderer Organismen verändert, ist nichts weiter als ein ökologiotischer Mythos, der sich vornehmlich aus drei antievolutionären Quellen speist: a) *dem theologischen Mythos von einer gottgeschaffenen Konstanz der Arten* (den Darwin widerlegte), b) dem *romantischen Mythos einer »heilen Natur«* (der all die Übel ignoriert, die in der Natur real vorherrschen), sowie c) dem *anthroposophischen Mythos einer in »kosmischer Harmonie« stehenden Landwirtschaft* (die Pflanzen »wesensgemäß« züchten will, weshalb nicht nur jegliche Gentechnik, sondern auch schon die Kreuzung von Weizen und Dinkel verpönt sind).

Halten wir fest: Die Tatsache, dass gentechnisch veränderte Lebensmittel nicht mit dem Bio-Siegel ausgezeichnet werden dürfen, ist nicht darauf zurückzuführen, dass transgene Produkte unökologisch oder gesundheitsgefährdend wären. Der Grund hierfür liegt vielmehr in den *höchst irrationalen (teils auch politisch reaktionären) Vorstellungen, die die ansonsten so verdienstvolle ökologische Landwirtschaft von Anfang in sich trug*.[84] Da diese Irrationalismen innerhalb der Ökologiebewegung nie kritisch aufgearbeitet wurden, gelangten sie über *Bündnis90/Die Grünen, die* Lobbypartei der ökologischen Landwirtschaft, in die Politik. Allerdings dauerte es nicht lange, bis sich auch die traditionellen Parteien auf die Grüne Gentechnik einschossen. Denn das entsprach nicht nur der Haltung vieler Wähler, die nach all den Lebensmittelskandalen der jüngeren Vergangenheit zutiefst verunsichert waren, sondern vor allem auch den *Interessen der konventionellen Landwirtschaftsverbände*, die sich mithilfe eines Einführverbots von gentechnisch veränderten Lebensmitteln auf elegante Weise gegen unliebsame außereuropäische Konkurrenz schützen konnten. Dass diese Marktabschottung gerade Schwellen- und Entwicklungsländern großen Schaden zufügte, die von gentechnisch veränderten Kulturpflanzen besonders profitieren, bekam der Verbraucher, der sich einbildete, es ginge bei der Anti-Gentechnik-Politik in erster Linie um seine Gesundheit, gar nicht mit.

Ein rationaler Umgang mit moderner Biotechnologie würde Grüne Gentechnik weder als *Teufelszeug* verdammen noch als *Wundermittel* zur Lösung aller Probleme anpreisen. Argumentationszugängliche Politiker sollten begreifen, dass die moderne Biotechnologie hilfreich sein könnte, um das Problem des Welthungers zu lösen, allerdings nur unter der Voraussetzung, dass entsprechende politische und ökonomische Rahmenbedingungen geschaffen werden. Die entscheidende Frage sollte daher nicht lauten, *ob* Grüne Gentechnik überhaupt eingesetzt werden darf (es wäre unverantwortlich, es nicht zu tun), geklärt werden muss vielmehr, *wie* sie sinnvollerweise eingesetzt werden sollte. Die von *den Grünen* und von *Greenpeace* vorgebrachte Kritik am Geschäftsgebaren der Firma *Monsanto* hat in *dieser* Hinsicht selbstverständlich ihre Berechtigung. In der Tat wäre es verheerend, wenn eine einzige Firma den globalen Markt mit transgenen Kulturpflanzen beherrschen würde. Nur: *Eine solche Monopolstellung verhindert man nicht durch eine fundamentalistische Blockade der Gentechnik, sondern durch eine verantwortungsvolle Forcierung der öffentlichen Forschung!*

Geschäft der Politik – Politik der Geschäfte?

Wenden wir uns damit dem dritten Kernelement der Politiotie zu, der *Ökonomiotie*. Wie bereits im vorangegangenen Kapitel dargelegt, wäre der Kettenbriefhandel der Finanzmärkte ohne politische Rückendeckung gar nicht möglich gewesen. Wäre der Staat nicht mit milliardenschweren Konjunkturprogrammen, Subventionen, einem ausuferndem Sozialsystem sowie Banken- und Staatenrettungsschirmen in die Bresche gesprungen, wären die Finanzmärkte aufgrund ihrer realwirtschaftlichen Absurdität längst schon kollabiert. Radikal-liberale und linke Ökonomen sind also gar nicht so weit voneinander entfernt, wie man vermuten könnte. Der Unterschied zwischen ihnen besteht darin, dass die einen die *Irrationalität des Staates* kritisieren, der den Markt sabotiert, und die anderen die *Irrationalität der Märkte*, die den Staat ausbluten lassen. Faktisch jedoch sind beide Irrationalismen systemisch miteinander verbunden: *Ohne die Irrationalität der Märkte würde sich der Staat nicht so irrational verhalten – und umgekehrt!*

Man könnte Hunderte von Seiten über das ökonomiotische Syndrom in der Politik schreiben. Beispielsweise über den blinden Glauben der Politiker an die realen Wirkungen fiktiver Kapitalmehrungen, der sie auf die absurde Idee brachte, *die Alterssicherung der Bürgerinnen und Bürger ausgerechnet an den Kettenbriefhandel der internationalen Finanzmärkte zu koppeln (Riester-Rente).* Ein eindrucksvolles Beispiel für Ökonomiotie gäbe auch das *deutsche Steuersystem* ab, das fast ausschließlich mittlere Einkommen belastet und durch unzählige Verschlimmbesserungen in den letzten Jahrzehnten so undurchsichtig geworden ist, dass selbst Finanzbeamte längst den Überblick über den Steuergesetzwirrwarr verloren haben.[85] Ähnlich groteske Blüten treibt das ausufernde *Subventionswesen*, das Produkte und Unternehmen künstlich am Leben hält, die sinnvollerweise längst schon vom Markt verschwunden wären. All dies zu beschreiben würde jedoch den Rahmen dieser Streitschrift sprengen. Konzentrieren wir uns deshalb auf die Gründe, die Politikerinnen und Politiker dazu veranlassen, in solch unschöner Regelmäßigkeit ökonomiotische Entscheidungen zu treffen.

Eine der Hauptursachen der politischen Ökonomiotie liegt in der gestiegenen Bedeutung der Lobbyisten, denen es zu verdanken ist, dass *das Geschäft der Politik zunehmend von der Politik der Geschäfte bestimmt wird.* Zwar ist eine Verzahnung von Wirtschaft und Politik durchaus begrüßenswert, da alle Bürgerinnen und Bürger von einer florierenden Wirtschaft profitieren sollten – ernsthafte Probleme ergeben sich jedoch, wenn in der Politik *Partikularinteressen einzelner Unternehmen und Verbände* höher gewichtet werden als die *Interessen der Allgemeinheit*. Dazu kommt es nicht nur durch korrupte Politiker. (Es wäre falsch, die politische Klasse hier unter einen Generalverdacht zu stellen.) Meist gehen die Interessen der Allgemeinheit auf subtilere Weise unter, nämlich infolge des ausufernden Systems der *lobbyistischen Expertokratie*.

Bekanntlich müssen Politiker angesichts der Komplexität der Themen, mit denen sie konfrontiert sind, immer wieder »Experten« zurate ziehen. Diese Experten fallen jedoch nicht vom Himmel, sondern entstammen häufig Unternehmen und Verbänden, die von einer zu treffenden politischen Entscheidung selbst betroffen sind: Geht es beispielsweise um Kirchenfragen, kommt das grundlegende Papier von Kirchenfunktionären, geht es um Energiefragen, sind Vertreter der großen Energiekonzerne am Entwurf beteiligt, geht es um Finanzmärkte, werden die Vorstände der großen Banken gehört. Muss man sich da noch wundern, dass die Politik Partikularinteressen eher berücksichtigt als die Interessen der Allgemeinheit?

Was man den demokratiegefährdenden Wirkungen der lobbyistischen Expertokratie entgegensetzen müsste, ist längst bekannt: *Erstens* eine *größere Transparenz* der Politik sowie *zweitens* eine *stärkere Beteiligung von Bürgerinnen und Bürgern* in politischen Entscheidungsprozessen. Es ist keineswegs erstaunlich, dass die *Piratenpartei* unlängst gerade mit diesen Inhalten bei der Wählerschaft punkten konnte. Sollten die arrivierten Parteien hierauf nicht bald angemessen reagieren, wäre dies nur ein weiterer Beleg für die immer wieder beklagte »Torheit der Regierenden«.

Das dumme Spiel der Macht

Wenn man, wie schon im Titel dieses Kapitels, von einer »Torheit der Regierenden« spricht, so sollte man natürlich berücksichtigen, zu welcher Diagnose die Historikerin Barbara Tuchman in ihrem gleichnamigen Buch gelangte. Bei ihrer

Untersuchung der politischen Torheit von Troja bis Vietnam kam sie zu dem Ergebnis, dass die Wurzel des Übels im »Bestehen auf dem Irrtum« liege: Obgleich es vernunftswidrig sei, »das Nachteilige zu verfolgen, nachdem es sich als nachteilig erwiesen hat«, sei »einer Regierung nichts mehr zuwider, als Irrtümer einzusehen, Verlusten ein Ende zu machen, den Kurs zu ändern«. Den Grund für diese Basis-Blödheit sah die Historikerin im Menschlich-Allzumenschlichen: Die politische Vernunft unterliege allzu häufig »nichtrationalen menschlichen Schwächen – Ehrgeiz, Ängstlichkeit, Status-Streben, Wahrung des Gesichts, Illusionen, Selbsttäuschungen, Vorurteilen«.[86]

Nun ist es ein altbekanntes Phänomen der Sozialpsychologie, dass Menschen, auch wenn es für sie selbst von großem Nachteil ist, auf Irrtümern beharren und sich nach der Devise »Ich habe recht, auch wenn ich mich irre« das Leben schwer machen.[87] Warum aber ist dieses Phänomen gerade in der Politik so sehr verbreitet? Offensichtlich hängt dies mit den besonderen Spielregeln der Macht zusammen: *Diejenigen, die Macht erobert haben, befürchten, diese Macht zu verlieren, wenn ruchbar wird, dass ihnen Fehler unterlaufen.* Schließlich müssen sie damit rechnen, dass Vertreter konkurrierender Parteien bereits darauf lauern, solche Fehler zu entlarven und sich selbst als diejenigen zu präsentieren, die es schon immer besser gewusst haben.

Diese Struktur politischer Dominanzmanöver ist der Grund dafür, warum politische Diskussionen in der Regel so unbefriedigend sind: Denn im Unterschied zu philosophischen Debatten haben sie nicht das Ziel, die Diskutanten *gemeinsam weiterzubringen*, sondern die Gegner an *ihrer schwächsten Stelle zu treffen*. Während das überzeugende Argument in der philosophischen Debatte ein *Geschenk* ist, das den Beteiligten die Chance bietet, Irrtümer zu überwinden, ist das Argument in der politischen Diskussion eine *Waffe*, die eingesetzt wird, um unliebsame Kritik an der eigenen Person abzuwehren. Man kann sich daher darauf verlassen: Wenn sich Vertreter der Partei A zu einer bestimmten Position bekennen, werden – losgelöst von der Stichhaltigkeit der Argumente – unweigerlich Vertreter der Partei B auftreten, die ebendiese Position als einen nie wiedergutzumachenden Fehler attackieren.

An *diesem* Spiel der Macht hat sich seit den 1980er-Jahren, in denen Barbara Tuchman über die Torheit der Regierenden schrieb, nichts geändert. *In anderer Hinsicht* jedoch ist seither ein bemerkenswerter Wandel eingetreten – zumindest hier in Mitteleuropa: *Denn es gibt kaum noch Politiker, die dogmatisch an ihrem Kurs festhalten würden – schon allein deshalb, weil sie keinem klar erkennbaren Kurs mehr folgen.* Das Navigationssystem der meisten Politiker ist heute nicht mehr bestimmt durch feste politische Grundsätze, sondern durch das Auf und Ab der Umfragewerte. *Der Meinungsmarktbericht ist das Orakel, dem der moderne Politiker folgt.* Eigene Überzeugungen, für die ein Politiker notfalls gegen den Strom seiner Zeit schwimmen müsste, kann man sich im politischen Tagesgeschäft kaum noch leisten.

Kurzum: Während Politiker früher den Fehler begingen, *dogmatisch an ihren Fehlentscheidungen festzuhalten*, neigen heutige Politiker dazu, den gegenteiligen Fehler zu begehen: Sie ziehen es vor, *keine Entscheidungen zu treffen, bevor man sie ihnen als Fehler auslegen könnte*. Nicht zuletzt aus diesem Grund ist es zur Mode geworden, politische Entscheidungen an Expertenkommissionen zu delegieren. Deshalb auch verwenden Politiker in ihren öffentlichen Auftritten so gerne Leerformeln, Phrasen, Worthülsen, die jegliche inhaltliche Substanz vermissen lassen und somit den Vorteil haben, unwiderlegbar zu sein.

Wie soll man nun den hier angedeuteten politischen Wandel vom engstirnigen Dogmatismus der Vergangenheit zur flexiblen Meinungsmarktorientierung der Gegenwart bewerten? Ist es nicht ein gutes Zeichen, wenn Politiker so sehr auf ihre Wähler hören, dass sie notfalls, siehe den schwarz-gelben Atomausstieg, ihre Ansichten komplett über den Haufen werfen? Oder ist dies bloß Ausdruck von blinder Konzeptionslosigkeit und blankem Opportunismus? Fakt ist jedenfalls, dass der Wandel in der Politik ein paradoxes Ergebnis herbeiführte: *Obwohl sich die Parteien heute mehr denn je um die Zustimmung der Wähler bemühen, war die Zustimmung der Wähler gegenüber den Parteien nie so gering wie heute.*

Wie ist das zu erklären? Könnte es sein, dass die Wähler zunehmend über sich selbst erschrecken, da sie in der *Halt- und Orientierungslosigkeit der Politik* ein *Spiegelbild ihrer eigenen Halt- und Orientierungslosigkeit erkennen*? Schimpfen wir nur deshalb über die »doofen Politiker«, weil wir von unserer eigenen Dummheit ablenken wollen? Die bittere Wahrheit ist doch: *In der Demokratie geht nicht nur alle Macht, sondern auch alle Blödheit vom Volke aus!* Warum also mit erhobenem Zeigefinger auf unfähige Politiker, raffgierige Banker oder durchgeknallte Hassprediger zeigen? *Letztlich erhalten wir Hohlköpfe doch nur die Hohlkopf-Politik, -Ökonomie und -Religion, die wir verdienen!*

Fassen wir uns also selber an die Nase: Was ist in unserer Entwicklung so schrecklich schiefgelaufen, dass wir diesen Stumpfsinn zuließen? Warum ist ein Ende dieser Farce noch immer nicht in Sicht? Wie kann es sein, dass aus all den süßen *Homo-sapiens*-Babys, die Tag für Tag das Licht der Welt erblicken, mit erschreckender Regelmäßigkeit minderbemittelte *Homo-demens*-Erwachsene werden? Werfen wir zur Beantwortung dieser Fragen einen Blick auf die *kulturelle Matrix*, aus der sich die *Macht der Doofen* speist …

WILLKOMMEN IN DER MATRIX
Auch Dummheit will gelernt sein

Schon Sigmund Freud wunderte sich über den »betrübenden Kontrast zwischen der strahlenden Intelligenz eines gesunden Kindes und der Denkschwäche des durchschnittlichen Erwachsenen«.[88] Einen der Hauptgründe für diese »relative Verkümmerung« sah er in der »religiösen Erziehung«. Freud kritisierte, dass man die Kinder schon zu einem Zeitpunkt mit religiösen Lehren konfrontiere, an dem sie die Tragweite dieser Lehren noch nicht begreifen könnten. Konsequenz der frühen Indoktrination: »Wenn dann das Denken des Kindes erwacht, sind die religiösen Lehren bereits unangreifbar geworden.«[89] Ebendies führt nach Freud zu einer nachhaltigen Reduktion des Denkvermögens: »Wer sich einmal dazu gebracht hat, alle die Absurditäten, die die religiösen Lehren ihm zutragen, ohne Kritik hinzunehmen, dessen Denkschwäche braucht uns nicht arg zu verwundern.«[90] Deshalb forderte der Vater der Psychoanalyse, die traditionelle Erziehung zu Illusion und Denkschwäche durch eine »Erziehung zur Realität« zu ersetzen. Dies sei zwar ein utopisches Ziel, doch irgendwann, da war sich Freud sicher, werde sich die »leise Stimme der Vernunft« durchsetzen: »Der Primat des Intellekts liegt gewiss in weiter, weiter, aber wahrscheinlich doch nicht in unendlicher Ferne.«[91]

Seit Freuds Niederschrift dieser Gedanken sind mehr als 80 Jahre vergangen – und doch könnte man es heute kaum treffender formulieren: Denn von einer »Erziehung zur Realität« sind wir noch immer meilenweit entfernt, noch immer beeinträchtigen religiöse Absurditäten das Denkvermögen, noch immer werden Kinder im frühesten Alter schon mit den absurdesten religiotischen Hirnwürmern infiziert. Allerdings würden wir uns die Sache zu einfach machen, würden wir die »relative Verkümmerung«, die sich in der Wandlung intelligenter Kinder in denkschwache Erwachsene niederschlägt, allein auf religiöse Erziehung zurückführen. *Denn die Erziehung zur Religiotie ist nur eines von vielen Hirnwurm-Unterprogrammen innerhalb der kulturellen Matrix*, die uns so erfolgreich manipuliert, dass wir in der Regel nicht einmal merken, wie wenig wir aus unseren biologischen Möglichkeiten machen.

Um diesen Sachverhalt zu verstehen ist es zweckmäßig, sich den Zusammenhang von Natur und Kultur bewusst zu machen. *Erstens*: Der Mensch kommt weder als »unbeschriebenes Blatt« zur Welt noch als Gen-Roboter, der bloß vorgegebene biologische Programme abspulen müsste. Vielmehr ist er ein *Kulturwesen von Natur aus* – biologisch geprägt und kulturell flexibel zugleich. *Zweitens*: Unsere Kultur ist nicht – wie es früher hieß – Ausdruck eines *biologischen Mangels*, sondern vielmehr eines *biologischen Reichtums*, denn nur besonders komplexe biologische Programme sind in der Lage, sich an veränderte Umwelten anzupassen. *Drittens*: Auch wenn sich menschliche Kulturen und Schimpansen-Kulturen früher keineswegs so deutlich voneinander unterschieden haben wie heute, so muss es doch schon damals biologische Unterschiede gegeben haben, die die spätere kulturelle Explosion beim Menschen ermöglichten. Die Preisfrage in diesem Zusammenhang lautet: Welcher biologischen Eigenschaft ist es zu verdanken, dass sich der Mensch – anders als der Schimpanse – vom Jäger und Sammler zum Großstadtneurotiker entwickeln konnte? Was also ist der wesentliche biologische Unterschied zwischen Mensch und Schimpanse? Die Antwort auf diese Frage mag despektierlich klingen, ist aber für das Verständnis der menschlichen Kultur von großer Bedeutung. *Der Mensch ist der Affe, der am besten nachäffen kann.*

Tatsächlich wurden unsere Gehirne im Verlauf der Evolution so konfiguriert, dass wir zu *wahren Meistern der Imitation* wurden. Gerade in dieser Hinsicht sind wir Schimpansen deutlich überlegen: »Vergleicht man das Lernverhalten von Schimpansen und Kindern«, schreibt der Evolutionsbiologe Thomas Junker, »so zeigt sich bei Kindern eine höhere Kopiergenauigkeit. Während Schimpansen in ihrem Verhalten eher pragmatisch auf das Ziel orientiert sind, versuchen Kinder das Verhalten anderer genau nachzuahmen, auch wenn das im Einzelfall weniger effektiv ist.«[92] Warum, so werden Sie sich vielleicht fragen, ist dieses exakte Kopieren so wichtig? Antwort: *Weil es die entscheidende Grundlage für die erfolgreiche Weitergabe von sozialen Lernerfahrungen ist, also die Basis jeglicher Traditionsbildung.* Ohne unsere Bereitschaft, das Verhalten anderer perfekt nachzuahmen, könnten wir keine Sprache erlernen, komplexe Kulturtechniken wie Lesen, Schreiben, Rechnen hätten sich nie entwickelt, geschweige denn Wissenschaft, Philosophie und Kunst. Mit anderen Worten: *Die Fähigkeit zu genauer Imitation ist die Wurzel aller menschlichen Kulturleistungen, allerdings: Sie ist auch die Wurzel aller menschlichen Dummheit.*

Warum? *Weil der Mensch darauf programmiert ist, alles zu imitieren, was er in seiner Kultur vorfindet – selbst den allergröbsten, hirnvernebelnden Schwachsinn!* Für Kinder ist diese bedingungslose Bereitschaft zur Nachahmung lebensnotwendig. Würden sie nicht von sich aus versuchen, Laute zu imitieren, deren Sinn sie nicht verstehen, könnten sie niemals eine Sprache erlernen. Auch später noch sind sie in ihrem Bestreben, sich in der Welt zu orientieren, auf Gedeih und Verderb ihrem kulturellen Umfeld ausgeliefert. Neugierig saugen sie alle Informationen auf, die ihnen geboten werden. Dabei ist ihr Vertrauen in die Richtigkeit der Aussagen ihrer Bezugspersonen in den ersten Jahren grenzenlos. Das liegt nicht zuletzt daran, dass ihr eigenes Weltbild noch nicht so fest etabliert ist, dass sie auf seiner Grundlage die Stimmigkeit von Behauptungen überprüfen könnten. Mit der Zeit aber erlernen sie ein ganzes Arsenal tradierter Sichtweisen, die ihre Vorstellungen von wahr und falsch, gerecht und ungerecht, schön und unschön bestimmen. Ebendies ist es, was hier unter dem Begriff »kulturelle Matrix« verstanden werden soll: *ein Programm zur gesell-*

schaftlichen Normierung individueller Denk-, Empfindungs- und Handlungsgewohnheiten.

Selbstverständlich sind derartige Normierungsprogramme historischen Schwankungen unterworfen. Sie sehen heute deutlich anders aus als zur Zeit der Sklavenhaltergesellschaft, der Kreuzzüge oder des Kalten Krieges. Auch die lokalen Differenzierungen sind beachtlich: So unterscheidet sich die kulturelle Matrix in Westeuropa erheblich von den Normierungsprogrammen in Russland, China, Indien, Saudi-Arabien oder Iran. Dennoch gibt es abseits dieser historischen und lokalen Unterschiede eine große Gemeinsamkeit: *Alle Kulturen, die der Mensch hervorbrachte, legten großen Wert darauf, ihren Nachwuchs möglichst früh nach dem eigenen Bilde zu formen.*

Dies wäre unproblematisch, würden sich die Kulturen darauf beschränken, nachrückenden Generationen neben basalen Kulturtechniken gesichertes Wissen über die Welt zu vermitteln. Doch *Homo demens* wäre nicht *Homo demens*, wenn er es dabei belassen würde. Tatsächlich gilt: *Je unrealistischer, je unsinniger, je grotesker eine kulturelle Vorstellung ist, desto höher ist der Aufwand, der betrieben wird, um sie in die Köpfe der Jüngsten einzupflanzen!*

Ideologischer Kindesmissbrauch

Nirgends wird dies deutlicher – hier muss man Sigmund Freud beipflichten – als im Fall der religiösen Erziehung. Es ist wirklich zum Haareausreißen, mit welch debilem Quark wehrlose Kinder schon in der Familie, im Kindergarten, in der Grundschule, schlimmer noch: in christlichen Sonntags- oder muslimischen Koranschulen, gefüttert werden. Muss man sich noch wundern, dass die meisten Menschen niemals eine funktionstüchtige intellektuelle Immunabwehr aufbauen können, wenn sie bereits mit der kulturellen Muttermilch eine solche Überdosis hirnzersetzender Schadstoffe aufnehmen müssen?

Gewiss: In den meisten Ländern der Welt ist der Grad der religiotischen Durchseuchung um ein Vielfaches höher als im weitgehend säkularisierten Europa. Doch auch in unseren Breitengraden ist der Schaden, der aus der frühen Infektion mit religiotischen Hirnwürmern entsteht, beträchtlich. So erzählt man Kindern oft schon im Kindergarten, spätestens jedoch ab der ersten Klasse den naiven »Backe-backe-Kuchen-Mythos« der biblischen Schöpfungsgeschichte, enthält ihnen aber die damit im Widerspruch stehenden Erkenntnisse der Evolutionsbiologie vor. Wenn überhaupt, so werden Schülerinnen und Schüler in Deutschland erst im zehnten Schuljahr eingehender mit dem Thema »Evolution« konfrontiert, bis dahin jedoch haben sich kreationistische Vorstellungen in ihren Köpfen längst verankert. Fragen Sie sich selbst: Müsste es nicht genau andersherum sein? Müssten wir den Kindern nicht erst einmal vermitteln, was wir mehr oder weniger gesichert über die »Natur der Dinge« wissen (Evolution), bevor wir fragwürdige Weltdeutungen (etwa die Schöpfungslehre) an sie herantragen, deren Problematik sie gar nicht abschätzen können, da ihnen dazu das notwendige Grundwissen fehlt?

Dass die gängige Praxis der *weltanschaulichen Manipulation von Kindern und Jugendlichen* in den öffentlichen Schulen so wenig problematisiert wird, liegt daran, dass die meisten Bürgerinnen und Bürger noch immer mit größter Selbstverständlichkeit davon ausgehen, es gäbe tatsächlich »katholische«, »protestantische« oder »muslimische« Kinder. Doch ist das wahr? Mitnichten! »Katholische«, »protestantische« oder »muslimische« Kinder gibt es ebenso wenig wie »christdemokratische«, »liberale«, »sozialdemokratische« oder »grüne« Kinder. Was wäre davon zu halten, wenn Kindern von CDU-Wählern das CDU-Grundsatzprogramm und Kindern von SPD-Wählern das SPD-Programm in der Grundschule vermittelt würde – so wie heute den Kindern von Katholiken katholischer und Kindern von Protestanten protestantischer Religionsunterricht erteilt wird?! Es wäre wohl jedem klar, dass es sich hierbei um eine unzulässige Indoktrination, ja: um einen ideologischen Missbrauch von Kindern handeln würde. Warum sollte dies im Falle der Religion so gänzlich anders sein?!

Die Selektion der Kinder in unterschiedliche weltanschauliche Unterrichte führt nicht nur zu einer *religiösen Gettoisierung der Gesellschaft*, die dem Gemeinwesen schadet, sondern aufgrund der in diesen Unterrichten vermittelten religiotischen Inhalte auch zu einer *Schädigung des individuellen Denkvermögens*. Stellen Sie sich nur vor, wie ein sensibles, intelligentes Kind darauf reagieren muss, wenn es hört, dass der »liebe Gott« mit bewusstem Vorsatz (!) nahezu alle Menschen und Tiere im Zuge der Sintflut ertrinken und seinen eigenen Sohn »für unsere Sünden« blutig am Kreuze hinrichten ließ. Stellen Sie sich bitte auch vor, wie dieses sensible Kind mit der Information umgehen soll, dass seine Eltern »den Leib« dieses erbärmlich Abgeschlachteten in der Sonntagsmesse verspeisen, um sich auf diese Weise mit ihm zu »vereinigen«. Es zeigt, wie sehr wir uns an diese blutrünstigen Glaubensabsurditäten gewöhnt haben, dass wir diesen »rituellen Kannibalismus« gar nicht mehr als den Skandal registrieren, den er eigentlich verkörpert. Ist es nicht bestürzend, dass große Teile der Bevölkerung, der Medien, der Politik, des kulturellen Establishments es noch immer – im 21. Jahrhundert! – als eine pädagogisch unverzichtbare Angelegenheit erachten, unmündige Kinder auf einen solchen »rituellen Kannibalismus« vorzubereiten?

Sicherlich: Der überwiegende Teil der Eltern, ja selbst der Religionslehrer, nimmt das »Wunder des Abendmahls«, wie auch andere Glaubenssätze des Christentums, kaum noch ernst. Doch macht dies die Sache besser? Keineswegs! Denn *welche pädagogische Botschaft* vermitteln wir unseren Kindern, wenn wir sie in Rituale hineinpressen, an deren Sinn wir selbst nicht mehr glauben? Es ist die *Kernbotschaft jeder Erziehung zur Denkverödung.* Sie lautet: *Schere dich nicht um Argumente! Gehe den Dingen nicht auf den Grund! Sei kein Narr, der gegen die Absurditäten des Systems aufbegehrt, sondern ein Tor, der der dummen Horde folgt! Frage niemals nach dem Sinn des Ganzen, sondern passe dich an die herrschenden Gepflogenheiten an – auch wenn sie noch so himmelschreiend blöde sind!* Sucht man nach der Ursache für den »betrübenden Kontrast zwischen der strahlenden Intelligenz eines gesunden Kindes und der Denkschwäche des durchschnittlichen Erwachsenen« – hier wird man fündig.

Schwachsinn auf allen Kanälen

Das »Prinzip Denkverödung« wird uns nicht zuletzt in den Medien vorgeführt. Theodor W. Adorno beklagte schon in den 1940er-Jahren: »Aus jedem Besuch des Kinos komme ich bei aller Wachsamkeit dümmer und schlechter heraus.«[93] Was er wohl erst gesagt hätte, wenn er mit dem multimedialen Stumpfsinn der heutigen Unterhaltungsindustrie konfrontiert worden wäre?! Wie wären seine Kommentare zu *Big Brother*, *Dschungelcamp* und *Deutschland sucht den Superstar* ausgefallen? Stellen Sie sich Adorno als Promigast bei *Wer wird Millionär?* vor: Undenkbar!

Mehr als je zuvor gehen Medienverantwortliche heute davon aus, dass man das Publikum nur *unterhält*, wenn man das Niveau *unten hält*. Tragischerweise scheint ihnen der Erfolg recht zu geben: *Denn je flacher das Format, desto höher die Einschaltquoten, je engstirniger die Sendung, desto breiter das Grinsen der Programmverantwortlichen.* Kein Wunder, dass wir Tag für Tag, Nacht für Nacht den gleichen nervtötenden Schwachsinnsbrei vorgesetzt bekommen: Talkformate, in denen viel gesprochen, aber wenig gesagt wird, Reality-Soaps mit »Prominenten«, die man nicht kennt und auch gar nicht kennenlernen möchte, Comedy-Sendungen ohne Humor, Quizsendungen ohne Grips, Informationssendungen ohne Informationswert, Popsendungen ohne Pepp – wer all dies übersteht, ohne intellektuell völlig zu degenerieren, dem wird spätestens von den »lustigen Mutanten« der Volksmusik oder ihren Nachfahren vom Ballermann 6 das letzte Fünkchen Denkvermögen aus den Hirnwindungen geblasen.

Die Folgen dieser multimedialen Schwachsinnsverbreitung haben Stefan Bonner und Anne Weiss in ihrem Bestseller »Generation Doof« treffend beschrieben.[94] Es ist paradox:

Obwohl das Wissen der Welt heute nur noch einen Mausklick entfernt ist, sind Millionen junger Menschen geistig derart retardiert, dass sie nicht einmal mehr wissen, was sie nicht wissen. Ambitionen, der eigenen Verblödung entgegenzuwirken, sind kaum vorhanden. Doch woher sollten solche Ambitionen auch kommen? Schließlich haben sie nie erfahren, dass *Bildung ein Wert an sich* ist, dass es sich aus *sich selbst heraus lohnt, tiefere Einsichten in »das Leben, das Universum und den ganzen Rest« (Douglas Adams) zu gewinnen* – auch wenn man dadurch weder einen Modelvertrag bei Lagerfeld noch einen Plattenvertrag bei Bohlen bekommt.

Das universelle Verblödungssystem

Leider ist die *grundlegende Einsicht in den Wert grundlegender Einsichten* nur bei sehr wenigen Menschen vorhanden. Das liegt natürlich nicht nur an den Nullbotschaften unserer Medien, sondern vor allem an den Absurditäten unseres *Bildungssystems*, das man mit Fug und Recht als »*Verbildungssystem*«, ja sogar als »*Verblödungssystem*« bezeichnen könnte. Denn was lernen Kinder, Jugendliche, junge Erwachsene *vorrangig* in unseren Schulen, Berufsschulen, Fachhochschulen und Universitäten? Sie lernen, dass *Bildung* keinen *Eigenwert* besitzt, sondern allenfalls einen *Tauschwert!*

Der *real existierende pädagogische Irrsinn (Pädagogiotie)* äußert sich vor allem im absurden *Zwang zur Wissensbulimie*, der in den Lehranstalten kultiviert wird: Schülerinnen und Schüler werden darauf trainiert, *in möglichst kurzer Zeit möglichst viel totes Wissen in sich hineinzufressen, um es zum Zeitpunkt der Prüfung im Austausch gegen Noten fristgerecht wieder zu erbrechen.* Dass bei einer solchen *Bildungs-Ess-Brech-Sucht* nur wenige Lerninhalte beim Lernenden verbleiben, sollte eigentlich niemanden verwundern. Ebenso wenig muss es uns erstaunen, dass das Interesse an schulischen Lerninhalten völlig erlischt, wenn Schülerinnen und Schüler *nicht einmal mehr einen Tauschwert* in der Bildung erkennen können: Wer bezüglich seiner sozialen Aufstiegschancen so weit resigniert hat, dass er als Berufswunsch angibt: »Wenn ich groß bin, werde ich Hartz IV!«, hat keinen Grund, Lerninhalte zu büffeln, die ihn im Grunde einen feuchten Kehricht interessieren.

Das Grundübel unseres Bildungssystems ist leicht auszumachen: Das »Abenteuer Wissen« wird den Kindern in der Schule meist auf solch *unerträglich langweilige Weise* präsentiert, dass sie schon nach kurzer Zeit genau die Eigenschaft verlieren, die sie von Natur aus so sehr zum Lernen befähigt: *die Neugier.* Nur sehr wenige Lehrerinnen und Lehrer verstehen es, ihre Schülerinnen und Schüler für die Inhalte zu begeistern, die sie vermitteln. *Ohne Begeisterung aber wird Lernen zu einer geistlosen Aneignung entfremdeten Wissens.* Zwar heißt es, man solle *für das Leben* und nicht *für die Schule* lernen, faktisch ist es aber meist umgekehrt: Schülerinnen und Schüler lernen *für Prüfungen – das, was sie da lernen, hat für sie selbst, für ihr Leben, für ihr Weltverständnis keinerlei Bedeutung,* weshalb es kurz nach dem Prüfungstermin auch wieder in Vergessenheit gerät.

Woran liegt es, dass das Lehrpersonal in der Regel so kläglich an der Aufgabe scheitert, die Lernenden zu begeistern? *Erstens:* Viele Lehrerinnen und Lehrer haben ihr Wissen selbst auf entfremdete Weise erworben, sind also als Personen weder von den Inhalten ihres Fachs begeistert noch von der Möglichkeit, sie an junge Menschen weitergeben zu dürfen. *Zweitens:* In der pädagogischen Ausbildung (insbesondere für die weiterführenden Schulen) wird noch immer der Irrglaube genährt, es ginge darum, *Fächer zu unterrichten,* statt *Menschen zu unterrichten.* Ein guter, begeisternder Unterricht müsste sich an den *individuellen Stärken und Schwächen, Talenten, Neigungen und Abneigungen der Schülerinnen und Schüler* orientieren. Starre Standardisierungen, die alle Lernenden über einen Kamm scheren, sind pädagogisch im höchsten Maße absurd, denn sie zerstören genau die kreativen Potenziale, die eigentlich gefördert werden müssten. *Drittens:* Unsere Bildungsinstitutionen (vom Kindergarten bis zur Hochschule) sind in der Regel finanziell so schlecht ausgestattet, dass ein individuelles Lernen gar nicht möglich ist. Hier müsste die Politik entschieden gegenlenken. Schließlich lebt jede Demokratie von der Mündigkeit ihrer Bürger. Wer ausgerechnet an Bildung spart, beweist damit nur eines: den bemerkenswerten Grad seiner eigenen Verblödung.

Ein zentrales Manko unseres Bildungssystems darf in diesem Zusammenhang nicht unerwähnt bleiben: Noch immer steht das *Erlernen von Einzelfakten* im Vordergrund – nicht das *Verstehen von Zusammenhängen.* Den Schülerinnen und Schülern werden unsinnige Mengen von Einzelfakten eingetrichtert, während sie bei der entscheidenden Aufgabe, die darin besteht, diese *isolierten Einzelfakten in Beziehung zueinander zu setzen,* kaum Orientierung erhalten. *Doch Bildung bedeutet Zusammenhangswissen – heute mehr als je zuvor.* Denn das Problem unserer Zeit besteht ganz gewiss nicht mehr darin, Zugang zu detailliertem Faktenwissen zu erhalten. Die große Herausforderung unserer Zeit ist es, in dem Meer von Informationen, das uns ohnehin umgibt, nicht Schiffbruch zu erleiden. Wenn Schülerinnen und Schüler mit fragmentiertem Wissen vollgestopft werden, als gelte es, sie auf ein erfolgreiches Abschneiden bei *Wer wird Millionär?* vorzubereiten, hat dies mit Bildung nichts zu tun. Schließlich könnte jeder Depp mithilfe von Wikipedia die »Ein-Millionen-Euro-Frage« beantworten. Bildung meint eben nicht, möglichst viel fragmentiertes Wissen anzusammeln, sie äußert sich vielmehr darin, dass man in der Lage ist, aus dem riesigen Wissensfundus, der uns zur Verfügung steht, die richtigen, problemrelevanten Informationen auszuwählen.

Da das Bildungssystem an dieser wichtigen Aufgabe scheitert, sehen viele Schülerinnen und Schüler, Studentinnen und Studenten *den Wald vor lauter Bäumen nicht mehr.* Sie verstehen weder, *in welcher Beziehung die Inhalte eines Fachs zueinander stehen,* noch begreifen sie, *was diese Inhalte für die Inhalte anderer Fächer bedeuten,* und schon gar nicht wird ihnen bewusst, *was diese Inhalte mit ihrem eigenen Leben zu tun haben könnten.* Für die Lernmotivation ist dies nicht gerade förderlich. *Daher sollten Bildungsangebote grundsätzlich so konzipiert sein, dass sie diese Zusammenhänge deutlich machen*: Gleich zu Beginn einer Lerneinheit müsste herausgestellt werden, *warum es sich lohnt, sich mit dem Thema zu beschäftigen.* Sollte es nicht gelingen, die Relevanz eines Themas aufzuzeigen, so ist dies ein sicheres Zeichen dafür, dass es nicht in den Unterricht gehört. (Allenfalls könnte es in einem Spezialkurs behandelt werden, an dem nur diejenigen teilnehmen, die sich dafür begeistern können.)

Rückt man auf diese Weise den *Sinn des Lernens* ins *Zentrum des Lernens*, so verändert sich notwendigerweise das *Verhältnis von Lehrenden und Lernenden*: Denn die Lehrenden können nicht mehr erwarten, dass die Lernenden alles bedingungslos schlucken, was man ihnen vorsetzt, vielmehr müssen sie sich an den Bedürfnissen der Lernenden orientieren. Die Lernenden ihrerseits sind aufgefordert, nicht mehr bloß *nachzubeten*, was man ihnen eingeflüstert hat, sondern selbst darüber *nachzudenken*, inwiefern das, was sie da lernen, relevant für ihr Leben ist und ob die Informationen, die man ihnen zukommen lässt, tatsächlich einer kritischen Prüfung standhalten. Im Idealfall werden somit *die Lehrenden teilweise auch zu Lernenden* und die *Lernenden zu Lehrenden*. Die *Einbahnstraßenkommunikation der Bildung* verwandelt sich in einen *Lerndialog*, von dem beide Seiten profitieren.

Das Gelée Royale der Bildung

Wie man sieht, läuft das hier nur kurz angerissene Bildungskonzept auf eine Umkehrung der oben skizzierten *Erziehung zur Denkverödung* hinaus. Denn die zentralen Leitsätze einer *pädagogischen Anleitung zur Denkstärke* lauten: *Schere dich um Argumente! Gehe den Dingen auf den Grund! Sei ein Narr, der gegen die Absurditäten des Systems aufbegehrt – kein Tor, der der dummen Horde folgt! Passe dich herrschenden Gepflogenheiten nicht an, wenn sie himmelschreiend blöde sind, sondern frage nach dem Sinn des Ganzen!*

Würde die kulturelle Matrix in diesem Sinne rekonfiguriert, hätte dies weitreichende soziale, ökonomische und politische Konsequenzen: Denn wer bereits von Kindesbeinen an gelernt hat, Vorgegebenes *kritisch zu hinterfragen*, statt es im Austausch gegen gute Noten unreflektiert wiederzugeben, der wird sich von religiotischen, ökologiotischen oder ökonomiotischen Hirnwürmern so schnell nicht mehr infizieren lassen. Er wird weder dem alten Gerücht vom Jüngsten Gericht auf den Leim gehen noch wird er sich dazu drängen lassen, Chips zu entwerfen, die Geräte nach Ablauf der Garantiezeit funktionsunfähig machen, oder »Finanzwerkzeuge«, die Menschen in den finanziellen Ruin stürzen. Und selbstverständlich wird er auch keine Politiker wählen, von denen er erwarten muss, dass sie derartigen Unsinn unterstützen.

Damit sind wir auf unserer Suche nach dem *Gelée Royale*, das uns zu »weisen Menschen« machen könnte, am Ziel angelangt. Das Ergebnis dürfte niemanden sonderlich überraschen. Es lautet: Um uns zu *Homo sapiens* zu entwickeln, statt zu *Homo demens* zu degenerieren, müssen wir mit dem *Gelée Royale der Bildung* gefüttert werden. Dabei ist – wie schon bei den Bienen – nicht die *Quantität*, sondern die *Qualität* des Futtersafts ausschlaggebend. Wer viel weiß, der muss deshalb noch lange nicht *ge*bildet, er kann auch hochgradig *ver*bildet sein. *Nicht nur Alter schützt vor Torheit nicht – auch Wissen und Intelligenz reichen nicht aus, um Torheit zu verhüten.* (Man muss, siehe Papst Benedikt XVI., sogar davon ausgehen, dass gerade intelligente Menschen anfällig für Wahnvorstellungen sind, wenn sie frühzeitig mit entsprechenden Hirnwürmern infiziert wurden – und gerade sie sind als Träger des Wahns in besonderer Weise gefährlich.)

Woran also erkennt man den Unterschied zwischen Bildung und Verbildung? Im Grunde ist es ganz einfach: Im Unterschied zu den *Hirnwürmern der Verblödung* sorgt das *Gelée Royale der Bildung* dafür, dass a) unser *Denkvermögen gestärkt wird*, sodass wir logische Widersprüche als solche erkennen, b) unser *Realitätssinn geschärft* wird, sodass wir uns nicht mehr aus der Wirklichkeit fortlügen können, und c) unser *Rückgrat stabilisiert wird*, sodass wir nicht schon beim kleinsten Anzeichen von Widerstand unsere *Fähigkeit zum aufrechten Gang* verlieren.

Stünde dieses *Gelée Royale* weltweit zur Verfügung, so wäre es um die Macht der Doofen, der Engstirnigen, der ewig Gestrigen bald geschehen. Doch wie realistisch ist das? Ist es nicht eine grandiose Illusion zu glauben, dass sich die Menschheit von ihren grandiosen Illusionen befreien könne? Ist die Stimme der Vernunft nicht viel zu schwach, als dass sie sich gegen all das Glockengeläut, all die Muezzinrufe, all das Marktgeschrei, all das Politikergezänk durchsetzen könnte? Sigmund Freud gab zu bedenken: »Die Stimme des Intellekts ist leise, aber sie ruht nicht, ehe sie sich Gehör geschafft hat. Am Ende, nach unzählig oft wiederholten Abweisungen, findet sie es doch. Dies ist einer der wenigen Punkte, in denen man für die Zukunft der Menschheit optimistisch sein darf ...«[95]

Wenn nicht alles täuscht, dürfen wir Heutigen in dieser Hinsicht sogar noch etwas optimistischer sein als Freud in den 1930er-Jahren. Immerhin können dank des Internets heute auch solche Meinungen kommuniziert werden, die früher vom politischen Establishment rigoros unterdrückt worden wären. Dass das Fallen der Kommunikationsbarrieren weitreichende Folgen hat, ist offensichtlich: An allen Ecken und Kanten des globalen Systems formieren sich Widerstandsbewegungen. Die Hüter der etablierten Ordnung sitzen längst nicht mehr so fest in ihren Sätteln wie in vergangenen Zeiten. Die Dinge sind in Bewegung geraten, ohne dass irgendjemand dies noch aufzuhalten vermochte. Und so werden wir Zeugen eines Wandels, der sich vor unser aller Augen vollzieht: Denn der *Aufstand der Narren des Widerstands gegen die Toren der Macht* hat bereits begonnen ...

KEINE MACHT DEN DOOFEN!
Ein Aufruf zum Widerstand

In Andersens Märchen *Des Kaisers neue Kleider* brachte ein einzelnes Kind den Irrsinn der Mächtigen zu Fall. In der Realität sieht es kaum anders aus: *Oft genügt schon das engagierte Handeln einiger weniger, um das soziale System zum Kippen zu bringen.* So markierte die simple Weigerung von Rosa Parks, am 1. Dezember 1955 ihren Sitzplatz im Bus für einen weißen Fahrgast zu räumen, den Anfang vom Ende der Rassentrennung in den USA.

An der Wiege sozialer Bewegungen standen immer Einzelpersonen, die verrückt genug waren, die Denktabus ihrer Zeit zu brechen. Natürlich wurden diese Unzeitgemäßen, die erstmalig für solch »abenteuerliche Vorstellungen« wie die Freiheit der Meinungsäußerung, die Abschaffung der Sklaverei, die Aufhebung des Rassismus, die Gleichstellung von Mann und Frau oder einen vernünftigeren Umgang mit der Natur eintraten, vom Establishment ihrer Zeit kaum ernst genommen (oder wenn doch: möglichst schnell aus dem Verkehr gezogen). Auf lange Sicht aber konnte niemand verhindern, dass mehr und mehr Menschen von diesen aufrührerischen Ideen angesteckt wurden. Inzwischen sind sie sogar zu einem derart festen Bestandteil unserer kulturellen Matrix geworden, dass es *fast undenkbar erscheint, dass sie jemals als undenkbar erschienen.*

Insofern ist es ermutigend, dass heute so viele Menschen gegen die Torheiten protestieren, die in diesem Buch beschrieben wurden: So attackiert die internationale *Tierrechtsbewegung* die im zweiten Kapitel skizzierte *Wahnidee einer Sonderstellung des Menschen im Kosmos*, aus der sein (im schlimmsten

Sinne des Wortes) grobschlächtiger Umgang mit nichtmenschlichen Lebensformen resultiert. Die *religionskritische Aufklärungsbewegung*, die sich mittlerweile in vielen Ländern der Welt formiert hat, setzt sich gegen die im dritten Kapitel beschriebene *Macht der Religioten* zur Wehr. *Umweltbewegungen* bekämpfen seit Jahrzehnten schon die im vierten Kapitel erläuterte *Ökologiotie*, finanzkritische Bewegungen wie *Attac* (neuerdings auch: *Occupy Wall Street*) die im selben Kapitel geschilderte *Ökonomiotie*. Initiativen für direkte Demokratie (etwa *Mehr Demokratie e. V.*) versuchen der im fünften Kapitel diskutierten *Torheit der Regierenden* entgegenzuwirken, Bildungsreformbewegungen (etwa die *Reggio-Pädagogik*) der im sechsten Kapitel skizzierten *Pädagogiotie*.

Ist es vorstellbar, dass sich diese Einzelbewegungen irgendwann einmal zu einer großen Sammelbewegung, einer *Homo-sapiens-Widerstandsbewegung gegen die zivilisatorische Gefahr des Homo demens*, vereinigen könnten? Ausgeschlossen ist dies nicht, auch wenn zurzeit (noch?) gewichtige Gründe dagegen sprechen. Denn wer *eine* Idiotie erkannt hat, ist deshalb noch lange nicht gegen *andere* Iditotien gefeit: Leider ist nur wenigen bewusst, wie sehr die verschiedenen Formen des *Homo-demens*-Wahns – Religiotie, Ökologiotie, Ökonomiotie, Politiotie und Pädagogiotie – miteinander verknüpft sind. (Man denke nur an den Nahostkonflikt, bei dem diese Denkstörungen auf unheilvolle Weise zusammenwirken und sich gegenseitig stabilisieren.)

Die systemische Verbindung der diversen Wahnideen ist letztlich auch verantwortlich dafür, dass so viele gut gemeinte Hilfsbemühungen wirkungslos im Raum verpuffen. Es ist wie verhext: Um dem Fundamentalismus entgegenzuwirken, müsste man die wirtschaftliche Entwicklung in den betroffenen Ländern fördern, doch wie sollte man wirtschaftliche Entwicklung fördern, wenn der Fundamentalismus ebendies verhindert? Ähnliche Wechselwirkungen existieren zwischen Ökologiotie und Ökonomiotie: Eine ökologische Wende wird erst möglich sein, wenn die Ökonomie nicht mehr von kurzfristiger

Profitmaximierung geprägt ist, doch um diesen ökonomiotischen Wahn zu überwinden, müsste bereits ein ökologisches Bewusstsein existieren, das die langfristigen Folgen des Wirtschaftens berücksichtigt. Vonseiten der Politik darf man in diesem Zusammenhang nicht viel erwarten: Denn wie könnten sich Politiker gegen die Scheuklappenblindheit kurzfristiger Interessen stellen, wenn ihre Wiederwahl von der Befriedigung dieser kurzfristigen Interessen abhängt? Und wie könnten sie die Fehler unserer kulturellen Matrix korrigieren, wenn ihr eigenes Denken und Handeln von ebendieser Matrix geprägt wurde?

Vor eineinhalb Jahrhunderten stand Karl Marx vor dem gleichen Problem. In seinen berühmten *Feuerbachthesen* heißt es hierzu: »Die materialistische Lehre von der Veränderung der Umstände und der Erziehung vergisst, dass die Umstände von den Menschen verändert und der Erzieher selbst erzogen werden muss. (...) Das Zusammenfallen des Änderns der Umstände und der menschlichen Tätigkeit oder Selbstveränderung kann nur als *revolutionäre Praxis* gefasst und rationell verstanden werden.«[96] Damit ist zweierlei gemeint: *Erstens*, dass unser Denken und Handeln ebenso von den gesellschaftlichen Verhältnissen bestimmt ist, wie die Verhältnisse von unserem Denken und Handeln bestimmt werden. *Zweitens*, dass beides nicht statisch ist, sondern permanentem Wandel unterliegt. Besonders dramatisch sind diese Veränderungsprozesse in Momenten der *Krise*, also wenn offenbar wird, dass die Form unseres Zusammenlebens oder unseres Stoffwechsels mit der Natur solch schwere Probleme produziert, dass wir sie mit traditionellen Hilfsmitteln nicht mehr lösen können. Insofern steckt in jeder ernsthaften gesellschaftlichen Krise eine *Gefahr* und *Chance* zugleich – die Gefahr, dass hart erkämpfte kulturelle Errungenschaften verloren gehen (so geschehen etwa nach dem Niedergang der antiken Hochkulturen in Europa), aber auch die Chance, dass wir aus den Katastrophen der Vergangenheit lernen (man denke etwa an den friedlichen Wiederaufbau Europas nach dem Zweiten Weltkrieg).

Auch die Krisen der Gegenwart sind in diesem Sinne ambivalent: Aus dem *arabischen Frühling* könnte schnell ein *islamistischer Winter* werden, eine kulturelle Eiszeit, die alle Hoffnung auf Freiheit in den arabischen Ländern erfrieren lässt – das zarte Pflänzchen der Freiheit, das nach dem Sturz der Diktatoren entstanden ist, könnte jedoch auch zu einem Baum heranwachsen, der reiche Früchte trägt. Ebenso könnte die Krise der Finanzmärkte eine ökonomische Katastrophe mit verheerenden Folgen auslösen, jedoch auch eine fairere Form des globalen Wirtschaftens herbeiführen. Ob wir die Chance, die in der gegenwärtigen Krise liegt, nutzen oder nicht, wird maßgeblich davon abhängen, *ob wir bereit sind umzudenken. Denn die großen Probleme der Welt können nicht mit derselben Denkweise gelöst werden, mit der wir sie verursacht haben* (Albert Einstein).[97]

Entscheidend wird sein, ob sich die *Narren des Widerstands* von den tradierten Mustern der kulturellen Matrix lösen können oder ob sie letztlich nur alten Wein in neue Schläuche gießen. Dass in dieser Hinsicht noch einiger Nachholbedarf besteht, zeigt sich darin, dass fast alle Widerstandsbewegungen heute mit einem *hochmoralischen Impetus* auftreten – so, als ob die Probleme, die die Welt belasten, darauf zurückzuführen wären, dass sich »böse« Unternehmer, Manager, Banker, Politiker aus freien Stücken gegen Mensch und Natur verschworen hätten. Doch handelt es sich hier *wirklich* um ein *moralisches Problem?* Resultierte die Weltfinanzkrise *wirklich* aus der persönlichen Raffgier einzelner Banker? Sind die Toren der Macht *wirklich* so viel eigennütziger als die Narren des Widerstands? Nein! Der Satiriker Wiglaf Droste dichtete einmal: »Ist das Hirn zu kurz gekommen, wird sehr gern Moral genommen.«[98] Dies trifft auch im vorliegenden Fall zu: Die globale Misere beruht eben nicht auf *moralisch verwerflichen Entscheidungen einzelner Personen*, sondern auf einem *System, das so unintelligent designt ist, dass es notwendigerweise zu Prozessen von Schwarmdummheit kommt.*

Es wäre absurd, Politikern vorzuwerfen, dass sie sich an Interessen orientieren, Wirtschaftsleuten, dass sie Profite erwirtschaften wollen, oder Geistlichen, dass sie sich darum bemühen, »Seelen« zu retten. Schließlich erledigen sie damit nur ihren Job. Sie tun, was die jeweiligen Subsysteme ihnen abverlangen. Das Tragische dabei ist: Je effizienter, je gewissenhafter sie ihren Job erledigen, desto verheerender sind die Folgen. Denn das ist das Dumme an dummen Systemen: *Wer in ihnen rational agiert, agiert irrational, wer das Falsche perfekt macht, macht das perfekt Falsche.*[99]

Dummheit und Stolz wachsen auf *einem* Holz

Für die Narren des Widerstands gibt es demnach keinen vernünftigen Grund, sich als *Moralapostel* aufzuspielen. Wer sich etwas darauf einbildet, dass er nicht zu den Toren der Macht gehört, beweist damit nur, dass er die *tieferen, systemischen Ursachen der Krise* nicht erkannt hat. Mehr noch: Er demonstriert auf untrügliche Weise, dass er selbst von einem der gefährlichsten Hirnwurm-Programme aller Zeiten infiziert ist, dem *Virus der Selbstgerechtigkeit*: Denn *Dummheit und Stolz wachsen auf* einem *Holz.* Da ich in meinen vorangegangenen Büchern sehr ausführlich auf diese besondere *Homo-demens-*Torheit eingegangen bin[100], kann ich mich hier auf zwei kurze Anmerkungen beschränken:

Erstens: Die Basisblödheit des Stolzes beruht – wie viele andere Blödheiten auch – auf einer *Selbstüberschätzung des Menschen.* Wir aufrecht gehenden Affen glauben doch allen Ernstes, über den Naturgesetzen zu stehen und uns mit unserem »freien Willen« für »das Gute« oder »das Böse«, das Wahre oder das Falsche, das Schöne oder das Hässliche entscheiden zu können. In Wahrheit jedoch sind sämtliche Entscheidungen, die wir treffen, und auch sämtliche Eigenschaften, die wir besitzen, von Ursachen bestimmt. Fakt ist: *Jeder von uns kann in jedem Moment seines Lebens nur genau so klug, attraktiv, liebevoll, gerecht etc. sein, wie er es aufgrund seiner jeweiligen Anlagen und Erfahrungen in exakt diesem Moment sein muss.*

Zweitens: Aus der Selbstüberschätzung des Menschen erwächst jene verhängnisvolle *Selbstgerechtigkeit*, mit der die Glücklichen über die Unglücklichen, die Schönen über die Hässlichen, die Gebildeten über die Ungebildeten, die Eliten über die Marginalisierten, die »Guten« über die »Bösen« richten. Als besonders verheerend hat sich dabei der moralische Dualismus von Gut und Böse erwiesen: *Denn Menschen, die sich als »Wahrer des Guten im Kampf gegen das Böse« wähnen, suchen nicht nach faireren Lösungen für Interessenkonflikte, sondern bringen jeden noch so harmlosen Konflikt zur Eskalation.* (Auch in dieser Hinsicht mag der Nahostkonflikt als mahnendes Beispiel dienen.)

Was wir daher in der gegenwärtigen Situation brauchen, ist nicht *moralische Empörung*, sondern *kulturelle Entblödung!* Statt »*Empört euch!*«[101] sollte es heißen: »*Entblödet euch!*« Denn *die große Konfliktlinie unserer Zeit verläuft nicht zwischen Gut und Böse, sondern zwischen klug und blöde!* Wohlgemerkt: Bei dieser *Differenz von Klugheit und Dummheit* geht es nicht um die *Eigenschaften einzelner Individuen* (auch ein extrem hoher IQ bietet keinen wirksamen Schutz vor Hirnwurminfektionen), sondern um die *Beschaffenheit soziokultureller Systeme* (sind sie intelligent oder unintelligent designt, fördern sie Schwarmintelligenz oder Schwarmdummheit?)

Falls ein Individuum in der Lage sein sollte, weiter zu sehen als andere, so ist dies eben nicht auf sein »grandioses Selbst« zurückzuführen, sondern auf den glücklichen Umstand, dass es innerhalb der kulturellen Matrix eher mit dem *Gelée Royale der Bildung* als mit *Hirnwürmern der Verblödung* in Berührung kam. Doch selbst in diesem Punkt kann man sich niemals sicher sein. *Denn so weit wir auch immer sehen mögen, unser Denkhorizont ist stets begrenzt.* (Das gilt selbstverständlich auch für den Verfasser dieser Zeilen: Schließen Sie aus dem apodiktischen Stil dieser Streitschrift bitte nicht, dass es hier darum gehe, »unantastbare Wahrheiten« zu verkünden. Natürlich weiß ich, dass meine Denkergebnisse vorläufig und fehleranfällig sind. Doch gerade wenn man das weiß, sollte man seine

Positionen möglichst klar auf den Punkt bringen. Warum? *Weil dies die Chancen erhöht, dass der Unsinn, den man formuliert hat, von anderen, die weiter sehen, widerlegt werden kann.*)

Entblödet euch!

Eine Reformbewegung, die auf *kulturelle Entblödung* statt auf *moralische Empörung* setzt, hat neben größerer Wahrhaftigkeit einen zweiten, entscheidenden Vorteil: *Sie kann auch jene Menschen erreichen, die in das System fest integriert sind, aber an der Sinnhaftigkeit des Ganzen zu zweifeln begonnen haben.* In zahlreichen Gesprächen, die ich in den letzten Jahren mit Politikern, Unternehmern, Bankern, Journalisten, Lehrern, ja sogar mit Religionsfunktionären führen konnte, stellte sich heraus, dass erstaunlich viele Menschen den Glauben an die Vernünftigkeit der Systeme, innerhalb derer sie agieren, verloren haben. Im Grunde befinden sie sich in einer ähnlichen Situation wie die kaiserlichen Diener in Andersens Märchen: *Sie wissen zwar, dass der Kaiser nackt ist – doch sie müssen ihre Schleppenträger-Rolle in diesem absurden Theaterspiel so lange weiterspielen, bis es in die letzten Winkel des öffentlichen Bewusstseins vorgedrungen ist, wie gnadenlos hirnrissig die gesamte Vorführung ist.*

Tun wir also unseren Politikern, Unternehmern, Bankern, Journalisten, Lehrern und Predigern den Gefallen und befreien sie aus den *dummen Zwängen dummer Systeme!* Stärken wir die Stimme der Vernunft! *Sprechen wir laut und deutlich aus, dass der Kaiser nackt ist!* Denn nur so kann die Farce, die uns tagtäglich von Religioten, Ökologioten, Ökonomioten und Politioten dargeboten wird, beendet werden. Es ist an der Zeit, für eine grundlegende Reform der sozialen Systeme zu sorgen: Werden wir zu *Architekten einer neuen kulturellen Matrix*, in der *Schwarmintelligenz* an die Stelle von *Schwarmdummheit* tritt, in der sich die *Hirnwürmer der Verblödung* nicht mehr ausbreiten können, weil das *Gelée Royale der Bildung* allen Erdenbürgern zur Verfügung steht!

Der kategorische Imperativ unserer Tage lautet, *falsche Ideen sterben zu lassen*, bevor Menschen *für falsche Ideen sterben müssen!* Stellen Sie sich vor, was eine Menschheit, die diesem *Homo-sapiens*-Imperativ folgt, erreichen könnte! Um die Zukunft unserer Spezies brauchte man sich keine Sorgen mehr zu machen. Immerhin konnte selbst die Vorherrschaft hartnäckigster Wahnvorstellungen ihren Fortschritt nicht nachhaltig verhindern: Denken Sie nur an die phantastischen Möglichkeiten der Technik, die großartigen Erkenntnisse der Wissenschaft, die wunderbaren Schöpfungen der Kunst! Ist es nicht beeindruckend, was die Menschheit trotz all der Irrungen und Wirrungen der Geschichte, trotz all der engstirnigen Zensurversuche von Religioten und Politioten auf die Beine stellen konnte?

Nicht weniger bemerkenswert ist, dass es der Menschheit auch in *ethischer Hinsicht* gelungen ist, ihre ursprüngliche Beschränktheit Stück für Stück zu überwinden: Richteten sich altruistische Empfindungen zunächst nur auf die eigene Sippe, waren es später gesellschaftliche Teilgruppen, bald darauf alle Mitglieder einer Gesellschaft, mit der *UN-Menschenrechtserklärung* sogar die Menschheit als Ganzes. Doch selbst damit war die ethische Weiterentwicklung noch nicht abgeschlossen: Tierrechtler fordern heute zu Recht, dass auch die Interessen nichtmenschlicher Tiere berücksichtigt werden müssen. Wenn man einen Beleg dafür sucht, dass der Mensch das Potenzial hat, ein besonders kluges und freundliches Tier zu sein, so findet man ihn hier: *Kein anderes Tier sorgt sich um die Lebensqualität der Individuen fremder Spezies.* Die Besten unter uns aber tun genau dies – *und schon allein deshalb wäre es schade, wenn der Mensch vorzeitig von der Bühne des Lebens abtreten würde!*

Damit es nicht dazu kommt, müssten diejenigen, die von den Hirnwürmern der kulturellen Matrix verschont wurden, Farbe bekennen. Es gilt zu verhindern, dass *Homo sapiens* *Homo demens* das Feld überlässt, denn: *Wenn der Klügere nachgibt, trägt der Dümmere den Sieg davon.* Einen Triumph der Idioten können wir uns heute jedoch noch weniger leisten als je zuvor: Der Zug der Menschheit hat durch die kulturelle Evolution, durch Technik und Globalisierung so viel Fahrt aufgenommen, dass es unverantwortlich wäre, die Steuerknüppel ausgemachten Hohlköpfen zu überlassen. *Schaffen wir also die Voraussetzungen dafür, dass die Macht der Doofen gebrochen werden kann!* Dies ist und bleibt die große Herausforderung unserer Zeit.

Anmerkungen

1 John Adams, zitiert nach Barbara Tuchmann: *Die Torheit der Regierenden. Von Troja bis Vietnam.* Frankfurt/M. 2006, S. 12

2 Friedrich Nietzsche: *Jenseits von Gut und Böse.* In: Friedrich Nietzsche: *Werke in drei Bänden.* Herausgegeben von Karl Schlechta. München 1954, Band II, S. 637

3 In den berühmten *Matrix*-Filmen der Wachowski-Brüder war dies bedeutend einfacher.

4 Arthur Schopenhauer: *Parerga und Paralipomena.* In: Arthur Schopenhauer: *Züricher Ausgabe. Werke in zehn Bänden.* Zürich 1977, Band IX, S. 79 (Fußnote)

5 Dieses Wortspiel gründet auf einer prägnanten Formulierung von Karl Marx und Friedrich Engels, die im »Manifest der Kommunistischen Partei« schrieben: »Die herrschenden Ideen einer Zeit waren stets nur die Ideen der herrschenden Klasse«, *Marx-Engels-Werke (MEW)*, Band 4, S. 480.

6 Dieser treffende Begriff wurde u. a. von dem französischen Philosophen Edgar Morin verwendet, um eine typische Eigenart des Menschen zu beschreiben, siehe u. a. Edgar Morin: *Die sieben Fundamente des Wissens für eine Erziehung der Zukunft.* Hamburg 2001, S. 72 f.

7 Siehe hierzu u. a. Heinz Oberhummer: *Kann das alles Zufall sein? Geheimnisvolles Universum.* Salzburg 2008

8 Sehr schön illustriert in Ken Robinson: *In meinem Element.* München 2010, S. 85 ff.

9 Vgl. Albert Schweitzer: *Die Lehre der Ehrfurcht vor dem Leben.* Berlin 1974, S. 30

10 Vgl. Stephen Jay Gould: *Darwin nach Darwin.* Frankfurt/M. 1984, S. 76 f.

11 Daniel Dennett nutzte diese Analogie, um die verhängnisvolle Wirkung religiöser Ideen zu veranschaulichen, siehe Daniel Dennett: *Den Bann brechen. Religion als natürliches Phänomen.* Frankfurt/M. 2008, S. 17. Wie wir noch sehen werden, sind die Hirnwürmer, die *Homo demens* manipulieren, nicht bloß religiöser Art.

12 Die Annahme einer bloß symbolischen Wandlung der Hostie, wie sie dem Schweizer Reformator Zwingli vorschwebte, gilt in der Katholischen Kirche als Häresie (siehe *Katechismus der Katholischen Kirche,* Abschnitt 1374), auch Luther lehnte Zwinglis Vorschlag entschieden ab.

13 Joh 6,54 – 6,56

14 Vgl. hierzu Karlheinz Deschners gleichnamiges, bald zehnbändiges Werk.

15 Exodus, 20,3 ff.

16 Vgl. u. a. Israel Finkelstein, Neil A. Silberman: *Keine Posaunen vor Jericho. Die archäologische Wahrheit über die Bibel.* München 2002

17 Joh 8,44

18 Mt 27,25

19 Martin Luther: *Von den Juden und ihren Lügen.* Wittenberg 1543 – hier zitiert nach der sprachlich modernisierten Zusammenstellung von Martin Sasse (Hg.): *Martin Luther über die Juden:* Weg mit ihnen! Freiburg 1939, S. 9

20 Adolf Hitler: *Mein Kampf.* München 1936, S. S. 70 und S. 751

21 Besonders deutlich wird dies in dem grenzdebilen Buch von Hitlers frühem Mentor Dietrich Eckart: *Der Bolschewismus von Moses bis Lenin. Zwiegespräche zwischen Hitler und mir.* München 1924

22 Zur wahnwitzigen Biografie des nazitreuen Großmuftis siehe u. a. Klaus Gensicke: *Der Mufti von Jerusalem und die Nationalsozialisten.* Darmstadt 2007

23 Siehe hierzu wie zum Folgenden das bemerkenswerte Buch

des israelischen Historikers Shlomo Sand: *Die Erfindung des jüdischen Volkes. Israels Gründungsmythos auf dem Prüfstand.* Berlin 2011

24 Man denke hier etwa an die Unterschiede zwischen den mittel- und osteuropäischen, den iberischen, orientalischen, jemenitischen und äthiopischen Juden.

25 Genau genommen bezieht sich dies nur auf die sogenannten Zwölfer-Schiiten oder Imamiten, die allerdings die überwältigende Mehrheit aller Schiiten weltweit stellen. Die Siebener- und Fünfer-Schiiten glauben (wie die Namen schon verraten) nicht an den sagenumwobenen 12. Imam.

26 Rede Ahmadinedschads vor der UNO-Generalversammlung (61. Session, 19. September 2006), zitiert nach dem offiziellen UNO-Dokument *A/61/PV.11,* S. 40, deutsche Übersetzung: MSS

27 Salafisten orientieren sich vornehmlich an den Primärquellen des Islam, Koran und Sunna (überlieferte Taten und Aussprüche Mohammeds), und halten modernistische Interpretationen für verfälschend. Aufgrund ihres wortwörtlichen (fundamentalistischen) Glaubensverständnisses vertreten sie extrem rigide Sittennormen. Grundsätzlich kann man zwischen einem konservativen Salafismus, wie er in Saudi-Arabien praktiziert wird, und einem dschihadistischen Salafismus unterscheiden, der beispielsweise von al-Qaida vertreten wird. Politisch stehen sich diese Strömungen feindlich gegenüber (so gilt Saudi-Arabien als Verbündeter der USA im Kampf gegen den Terrorismus), ideologisch sind die Grenzen jedoch fließend, was erklärt, warum 15 der 19 Attentäter des 11. September aus Saudi-Arabien stammten.

28 Vgl. Erik Möller: »Die toten Mädchen von Mekka«, *telepolis* 25. 3. 2002

29 Ibn Warraq: *Warum ich kein Muslim bin.* Berlin 2004, S. 369

30 Schon zu Lebzeiten wurde Mohammed mit dem Vorwurf konfrontiert, verrückt oder besessen zu sein. Der reichste Kaufmann in Mekka, Walid Ibn al-Mugira, wollte sogar

einen erfahrenen Arzt bezahlen, um Mohammed zu heilen. Nicht ohne Grund geht auch der Koran immer wieder darauf ein, etwa in Sure 52,29: »Du bist ja dank der Gnade deines Herrn weder ein Wahrsager noch besessen (wie die Ungläubigen behaupten).« Leider haben nur wenige Forscher den Mut, die Frage des psychischen Zustands des Propheten so offen anzusprechen, wie es in diesem bemerkenswerten Buch geschehen ist: Armin Geus: *Die Krankheit des Propheten.* Marburg 2011

31 *Radio Vatikan* vom 10.8.2011, vgl. auch »Mexiko: Papst-Blut soll Drogenkrieg beenden«, *Spiegel online* (10.8.2011)

32 Vgl. Michael Schmidt-Salomon: *Rationale Mystik: Wie man die Weisheit des Ostens mit der Weisheit des Westens verbindet.* In: *Michael Schmidt-Salomon: Jenseits von Gut und Böse. Warum wir ohne Moral die besseren Menschen sind.* München 2009

33 Erinnern Sie sich nur an den tödlichen »Karikaturenstreit«: Im Zuge der Veröffentlichung von zwölf (im Grunde recht harmlosen) Mohammed-Karikaturen in der dänischen Zeitung *Jyllands-Posten* wurden allein im Februar 2006 139 Menschen getötet und 823 verletzt.

34 Vgl. Franz Buggle: *Denn sie wissen nicht, was sie glauben.* Aschaffenburg 2004

35 Das gilt sogar für Berufsreligiöse. »Hermeneutische Exegese« nennt sich der Versuch, traditionelle Glaubenswahrheiten so umzudeuten, dass sie nicht mehr ganz so verrückt erscheinen, wie sie ursprünglich gedacht waren. Auf diese Weise halten viele europäische Theologen *rhetorisch* noch den Kontakt zu einer Tradition aufrecht, deren Boden sie inhaltlich längst schon verlassen haben.

36 Ich muss zugeben, dass ich auf »geplante Obsoleszenz« auch erst durch den im Februar 2011 auf ARTE ausgestrahlten Dokumentarfilm »Kaufen für die Müllhalde« aufmerksam wurde. Buchtipp zum Thema: Giles Slade: *Made to Break: Technology and Obsolescence in America.* Cambridge 2007

37 In »Kaufen für die Müllhalde« wird dies an einem Drucker
demonstriert, der nach einer gewissen Anzahl von Druck-
seiten den Geist aufgegeben hatte. Nachdem eine Hacker-
software aufgespielt und der Druckseitenzähler-Chip auf
null zurückgesetzt wurde, funktionierte der Drucker wieder
einwandfrei.

38 Wenn Sie ein wirklich gutes ökologisches Buch lesen wollen, greifen Sie hier zu: Michael Braungart, William McDonough: *Einfach intelligent produzieren. Cradle to Cradle: Die
Natur zeigt, wie wir die Dinge besser machen können.* Berlin
2003

39 Über den Zusammenhang von Religiotie und Ökologiotie
könnte man ein eigenes Buch schreiben. Ich belasse es hier
bei dem Hinweis.

40 Siehe Michael Braungart, William McDonough (Hg.): *Die
nächste industrielle Revolution. Die Cradle to Cradle-Com-
munity.* Hamburg 2009

41 Man muss John Taylor, Chef des erfolgreichen Hedgefonds
FX Concepts, der sich auf Währungsspekulationen spezialisiert hat, glauben, wenn er darauf hinweist, dass keine der
deutschen Pensionskassen, deren Interessen er vertritt, je
auf den Gedanken kam, ihn von den lukrativen Wetten
gegen den Euro abzuhalten, vgl. Dietmar Hawranek, Armin
Mahler et al.: »Märkte außer Kontrolle«, in: *Der Spiegel* 34/
2011, S. 60

42 Kostolany gab dieses Bonmot häufiger zum Besten, u. a. in
einem seiner letzten Interviews am 14. Mai 1999 gegenüber
boersenreport.de.

43 Diese Strategie der doppelten Profitmaximierung gab auch
dem Kettenbriefsystem der amerikanischen Immobilien-
blase, die letztlich zum Bankencrash des Jahres 2008 führte,
seine eigentliche Würze.

44 Vgl. Dietmar Hawranek, Armin Mahler et al.: »Märkte
außer Kontrolle«, S. 60

45 Sahra Wagenknecht, deren ökonomischer Sachverstand
aufgrund ihrer Vergangenheit als Sprecherin der »Kommu-

nistischen Plattform« in Wirtschaftskreisen noch immer zu gering geschätzt wird, hat zu Recht auf diesen dramatischen Wandel hingewiesen, siehe Sahra Wagenknecht: *Freiheit statt Kapitalismus*. Frankfurt/M. 2011, S. 84

46 Besonders gut herausgearbeitet hat dies Thomas Strobl: *Ohne Schulden läuft nichts. Warum uns Sparsamkeit nicht reicher, sondern ärmer macht*. München 2010

47 Die privaten Haushalte in Deutschland hatten schon vor Jahren ein sensationelles Vermögen von über zehn Billionen Euro angehäuft, wobei sie nicht zuletzt von den milliardenschweren Zinszahlungen der öffentlichen Haushalte profitierten. Das heißt: Ohne die Milliardendefizite der öffentlichen Haushalte wären auch die Privatvermögen nicht so immens gewachsen. Vielleicht denken Sie daran, wenn Sie das nächste Mal über die horrenden Staatsschulden schimpfen …

48 Lucas Zeise: *Geld – der vertrackte Kern des Kapitalismus*. Köln 2011, S. 64

49 Theoretisch müsste der Zins, also der Preis für das Geld, bei einem Überangebot von Kapital gegenüber den realen Gütern gegen null gehen, aber genau dies geschieht aufgrund der Intransparenz der Finanzmärkte nicht, was verheerende Folgen hat, wie wir noch sehen werden.

50 Mt 25,29 – Fairerweise muss man darauf hinweisen, dass sowohl die Thora, die Bibel als auch der Koran den Gläubigen Zinswirtschaft verbieten. Leider aber griff *Homo demens* aus dem reichen Kulturschatz der Religionen mit sicherem idiotischem Gespür nicht die vernünftigen, sondern die besonders hirnrissigen Elemente heraus, wie wir im vorangegangenen Kapitel gesehen haben.

51 Helmut Creutz: *Das Geldsyndrom. Wege zu einer krisenfreien Marktwirtschaft*. Frankfurt/M. 1995, S. 392 f.

52 Vgl. Helmut Creutz: *Zinsumverteilungs-Ermittlung – bezogen auf 2007 und 38 Millionen Haushalte*. http://www.helmut-creutz.de/pdf/grafiken/T7_Zinsumverteilungs-Ermittlung_2007.pdf

53 Vgl. u. a. Joachim Frick, Markus Grabka: »Gestiegene Vermögensungleichheit in Deutschland«, in: *Wochenbericht des DIW Berlin* Nr. 4/2009

54 Vgl. World Institute for Development Economics Research: *Pioneering Study Shows Richest Two Percent Own Half World Wealth,* Dezember 2006

55 Thomas Strobl: *Ohne Schulden läuft nichts,* S. 47 f.

56 Abgelesen an der digitalen Schuldenuhr des Bundes der Steuerzahler, siehe: *http://www.steuerzahler.de*

57 Helmut Creutz: »Staatsverschuldung kurz gefasst«, in: *Humane Wirtschaft* 02/2011, S. 12

58 Sehr anschaulich wurde dieses Kettenbrief-und Desinformationssystem beschrieben in Max Otte: *Der Crash kommt.* München 2009; sowie Max Otte: *Der Informationscrash. Wie wir systematisch für dumm verkauft werden.* München 2010.

59 Vgl. Thomas Strobl, *Ohne Schulden läuft nichts,* S. 227

60 Es geht hier nicht um eine vollständige Nivellierung der Vermögensunterschiede. Da Menschen aufgrund ihrer jeweiligen Anlagen und Erfahrungen ungleich sind, erbringen sie unterschiedliche Leistungen, die unterschiedlich begehrt werden, was immer auch soziale Ungleichheit zur Folge hat. Allerdings müssen Vermögensunterschiede auf unterschiedlichen Leistungen beruhen – nicht auf automatischer Vermögensumverteilung. Außerdem dürfen die Unterschiede nicht derart groteske Ausmaße annehmen wie in unserer Gesellschaft. Denn größere Vermögensunterschiede schaffen nicht nur größere soziale Spannungen, sondern untergraben auch die Leistungsfähigkeit einer Marktwirtschaft.

61 Das bedeutet für Geldvermögensbesitzer, dass sie ihr Kapital nur mehren können, indem sie selbst zu Unternehmern werden, also in reale Güter und Dienstleistungen investieren. Sind diese Güter und Dienstleistungen auf dem Markt erfolgreich, werden sie für ihre Risikobereitschaft mit Gewinnen belohnt, brechen die Produkte ein, müssen sie Verluste hinnehmen.

62 Esther Vilar: *Der betörende Glanz der Dummheit*. Aktualisierte Neuausgabe Aschaffenburg 2011. (Die Originalausgabe erschien 1987.)

63 Esther Vilar, *Der betörende Glanz der Dummheit,* S. 42 f.

64 A.a.O., S. 44

65 Ebenda

66 So Ursula von der Leyen 2006 bei der Vorstellung des sogenannten Bündnis für Erziehung, vgl. Eva Lodde: »Bündnis für Erziehung – Von der Leyen erzürnt Muslime«, *Spiegel online* 20.04.2006

67 Vgl. das im 3. Kapitel des Buchs zitierte erste der Zehn Gebote: »Du sollst neben mir keine anderen Götter haben. (…) Denn ich, der Herr, dein Gott, bin ein eifersüchtiger Gott: Bei denen, die mir feind sind, verfolge ich die Schuld der Väter an den Söhnen, an der dritten und vierten Generation.« (Exodus, 20,3 ff.)

68 Siehe das letzte der Zehn Gebote: »Du sollst nicht nach der Frau deines Nächsten verlangen, nach seinem Sklaven oder Sklavin, seinem Rind und seinem Esel oder nach irgendetwas, das deinem Nächsten gehört.« (Exodus, 20,17)

69 Der Unterschied zwischen religiösen Fundamentalisten und aufgeklärten Gläubigen besteht darin, inwieweit dieser Transfer überholter Moralvorstellungen in die Jetztzeit gefiltert wird. Bei manchen aufgeklärten Gläubigen ist der kulturelle Filter so hoch eingestellt, dass authentische religiöse Inhalte kaum noch durchkommen. Im Grunde argumentieren sie gar nicht mehr religiös, sondern säkular, was jedoch dadurch verdeckt wird, dass sie die säkularen Argumente mit einer religiös anmutenden Phraseologie ummanteln, siehe hierzu meine Anmerkungen zum »religiösen Dialekt« im Kapitel über die »Heilige Einfalt«.

70 Vgl. hierzu u. a. Michael Schmidt-Salomon: *Manifest des evolutionären Humanismus. Plädoyer für eine zeitgemäße Leitkultur.* Aschaffenburg 2006; Michael Schmidt-Salomon: *Anleitung zum Seligsein.* Aschaffenburg 2011; A.C. Grayling: *Freiheit, die wir meinen. Wie die Menschenrechte*

*erkämpft wurden und warum der Westen heute seine Grund-
werte gefährdet.* München 2008

71 Vgl. hierzu u. a. Gerhard Czermak: *Religions- und Weltan-
schauungsrecht. Eine Einführung.* Heidelberg 2008

72 Vgl. vor allem Carsten Frerk: *Violettbuch Kirchenfinanzen.
Wie der Staat die Kirchen finanziert.* Aschaffenburg 2010

73 Im Grunde wäre dies ganz einfach: Der Gesetzgeber könnte
öffentliche Finanzierungen von der Auflage abhängig machen, dass in den unterstützten Betrieben weltanschauliche
Diskriminierung unterbleibt. Zudem könnte (ja: müsste!)
eine verantwortungsvolle Politik darauf hinwirken, dass der
in der Nazizeit (!) eingeführte Eintrag der Konfession auf
der Lohnsteuerkarte entfällt. Diese Maßnahme würde nicht
nur die Diskriminierungspolitik der christlichen Betriebe
erschweren, sondern auch dafür sorgen, dass Artikel 140
unserer Verfassung endlich erfüllt wird, demzufolge niemand verpflichtet ist, seine religiöse Überzeugung zu offen-
baren.

74 Vgl. Peter Wensierski: *Schläge im Namen des Herrn. Die verdrängte Geschichte der Heimkinder in der Bundesrepublik.*
München 2006; siehe auch die Aktionshomepage der ehe-
maligen Heimkinder *www.jetzt-reden-wir.org*

75 So wörtlich im *Katechismus der Katholischen Kirche,* Absatz
2280

76 Ethikkommission der Giordano-Bruno-Stiftung: *Für eine
Zulassung der Präimplantationsdiagnostik in erweiterten
Grenzen.* Mastershausen 2011 (abrufbar über die Website
der Stiftung *www.giordano-bruno-stiftung.de*)

77 Dass Sie dieses Buch in Ihren Händen halten, ist nicht zuletzt diesem Umstand zu verdanken. Ohne den dicken Sta-
pel gesammelter Politiker-Blödheiten, der mir zum Thema
PID zugingen, wäre ich wohl nicht auf den Gedanken
gekommen, ein Buch über die Macht der Doofen schreiben.

78 Vgl. Esther Vilar, *Der betörende Glanz der Dummheit,* S. 14

79 »Grüne Gentechnik« meint, dass gentechnische Verfahren
bei Pflanzen angewendet werden. Der Begriff »Rote Gen-

technik« kennzeichnet demgegenüber die Anwendung solcher Verfahren bei Organismen mit rotem Blut (Wirbeltiere).

80 Siehe u. a. Deutsche Forschungsgemeinschaft (Hg.): *Grüne Gentechnik.* Weinheim 2011; Frank und Renate Kempken: *Gentechnik bei Pflanzen: Chancen und Risiken.* Berlin 2006.

81 In meiner 1997 abgeschlossenen Doktorarbeit »Erkenntnis aus Engagement« (die 1999 in Buchform erschien) meinte ich, Gentechnik habe ein ähnliches Gefahrenpotenzial wie die Kernkraft. Diese Einschätzung beruhte, wie ich es heute sehe, auf der unkritischen Übernahme von Argumenten, die mir gerade deshalb als plausibel erschienen, weil ich mich zum damaligen Zeitpunkt noch nicht intensiv genug mit Fragen der Evolutionsbiologie und Genetik beschäftigt hatte.

82 Christiane Nüsslein-Volhard, zitiert nach der Stellungnahme der Deutschen Akademie der Naturforscher Leopoldina – Nationale Akademie der Wissenschaften, der Deutschen Akademie der Technikwissenschaften acatech und der Berlin-Brandenburgischen Akademie der Wissenschaften: *Für eine neue Politik in der Grünen Gentechnik,* 13. 10. 2009

83 Wer sich die irrationale Angst vor der Gentechnik auf genüssliche Weise abtrainieren will, dem sei dieses wunderbare Wissenschafts-Kochbuch empfohlen: Beda M. Stadler: *Gene an die Gabel. Das erste GVO-Kochbuch der Welt.* Bern 2001

84 So speist sich die biologisch-dynamische Landwirtschaft mit der ältesten Biomarke *demeter* direkt aus Rudolf Steiners Wahnsystem der Anthroposophie, die organisch-biologische Landwirtschaft mit der heutigen Topmarke *Bioland* aus der Schweizerischen Bauernheimatbewegung, die auf Grundlage eines politisch reaktionären Christentums zur Bewahrung von Heimat, Familie, Tradition und Schöpfung aufrief.

85 Eine vergnügliche Einführung in den Steuerwahn findet

man bei Ursula Ott: *Total besteuert. Wie ich einmal ganz alleine den Staatshaushalt retten sollte.* München 2010.

86 Barbara Tuchman, *Die Torheit der Regierenden,* S. 476 ff.

87 Vgl. Carol Tavris, Elliot Aronson: *Ich habe recht, auch wenn ich mich irre. Warum wir fragwürdige Überzeugungen, schlechte Entscheidungen und verletzendes Handeln rechtfertigen.* München 2010

88 Sigmund Freud: *Die Zukunft einer Illusion.* In: Sigmund Freud: *Studienausgabe.* Frankfurt/M. 2009, Band IX, S. 180

89 Ebenda

90 A.a.O., S. 181

91 A.a.O., S. 186

92 Thomas Junker: *Die Evolution des Menschen.* München 2006, S. 97

93 Theodor W. Adorno: *Minima Moralia. Reflexionen aus dem beschädigten Leben.* Frankfurt/M. 1989, S. 21

94 Stefan Bonner, Anne Weiss: *Generation Doof. Wie blöd sind wir eigentlich?* Köln 2008

95 Sigmund Freud, *Die Zukunft einer Illusion,* S. 186

96 Karl Marx: *Thesen über Feuerbach.* In: *Marx-Engels-Werke (MEW),* Band 3, S. 5 f.

97 Ohnehin sind Einsteins Ansichten in vielerlei Hinsicht deckungsgleich mit der Argumentation in diesem Buch, vgl. u. a. Albert Einstein: *Mein Weltbild.* Gütersloh (ohne Jahresangabe); oder Alice Calaprice (Hg.): *Einstein sagt. Zitate, Einfälle, Gedanken.* München 1999

98 Wiglaf Droste: *Nutzt gar nichts, es ist Liebe.* Leipzig 2005, S. 98

99 C2C-Begründer Michael Braungart weist hierauf immer wieder in seinen Vorträgen hin. Was er am Beispiel falsch verstandener Ökologie belegt, trifft auch auf andere Formen unintelligent designter Systeme zu.

100 Siehe vor allem Michael Schmidt-Salomon: *Jenseits von Gut und Böse. Warum wir ohne Moral die besseren Menschen sind.* München 2009; das Thema wird auch behan-

delt in Michael Schmidt-Salomon, Lea Salomon: *Leibniz war kein Butterkeks. Den großen und kleinen Fragen der Philosophie auf der Spur.* München 2011

101   Vgl. Stephane Hessel: *Empört euch!* Berlin 2011

Michael Schmidt-Salomon, Lea Salomon
Leibniz war kein Butterkeks

Den großen und kleinen Fragen der Philosophie auf der Spur.
288 Seiten. Gebunden

Sind die Dinge so, wie sie uns erscheinen? Gibt es ein Leben
nach dem Tod? Und warum macht Sex Spaß, Sterben aber
nicht? Philosophie muss weder langweilig noch kompliziert
sein – ganz im Gegenteil: Philosophische Fragen haben viel
mit unserem Alltag zu tun.
Das beweisen der Philosoph Michael Schmidt-Salomon
und seine 20-jährige Tochter Lea in ihrem ersten gemeinsamen
Buch. Im Dialog erschließen sie die großen Themen der
Philosophie auf höchst unterhaltsame und unkonventionelle
Weise. Abstrakte Begriffe wie Vernunft und Weisheit, Gerechtigkeit und Toleranz werden dabei ebenso anschaulich er-
läutert wie der Traum von einer »besseren Welt«. Ein Buch
ohne Denk-Tabus, das Lust aufs Philosophieren macht. Für
alle, die es wissen wollen und die Neugier nicht verloren
haben, danach zu fragen.

09/1055/01/R

PIPER

Gabor Steingart
Das Ende der Normalität

Nachruf auf unser Leben, wie es bisher war. 192 Seiten.
Gebunden

Normalität bedeutete das Verlässliche in der Gesellschaft.
Es war jene Zeit, als Familie noch lebenslange Schicksals-
gemeinschaft bedeutete und sich nicht ein- und ausschalten
ließ wie ein Pay-TV-Programm. Damals begann nach der
Ausbildung der »Ernst des Lebens« und nicht das nächste
Praktikum. Es war jene Zeit, als man drei Freunde im Café
traf und nicht 500 Freunde auf Facebook. Damals bekamen
Banker noch einen Schreck, wenn sie das Wort Risiko hör-
ten, und nicht – wie ihre Nachfahren – einen Erregungszu-
stand. Das Kennzeichen unserer Zeit ist das Verschwinden
der vielen Selbstverständlichkeiten. Millionen von Menschen
spüren die Überforderung: jedes Mal, wenn man alle Antworten gelernt hat, wechseln die Fragen. Dennoch muss der
Gezeitenwechsel kein Drama sein, sagt Steingart. Das Ge-
fühl der Fremdheit und die Vorfreude auf ein Leben, das
anders sein wird als unser bisheriges, schließen sich nicht
aus. Steingart berichtet in seinem schwungvollen Essay von
dem, was geht, was bleibt und was kommt.

01/1957/01/L